金融统计与分析

中国人民银行调查统计司 编

中国金融出版社

责任编辑：贾　真
责任校对：张志文
责任印制：程　颖

图书在版编目(CIP) 数据

金融统计与分析(Jinrong Tongji yu Fenxi) （2014.09）/中国人民银行调查
统计司编.—北京：中国金融出版社，2014.9
ISBN 978-7-5049-7392-4

Ⅰ．①金… Ⅱ．①中… Ⅲ．①金融—统计分析—研究报告—中国—2014

Ⅳ．①F832.1

中国版本图书馆 CIP 数据核字（2014）第 010682 号

出版　中国金融出版社
发行
社址　北京市丰台区益泽路 2 号
市场开发部　（010）63266347，63805472，63439533（传真）
网 上 书 店　http：//www.chinafph.com
　　　　　　　（010）63286832，63365686（传真）
读者服务部　（010）66070833，62568380
邮编　100071
经销　新华书店
印刷　北京市松源印刷有限公司
尺寸　185 毫米×260 毫米
印张　8.5
字数　156 千
版次　2014 年 9 月第 1 版
印次　2014 年 9 月第 1 次印刷
定价　30.00 元
ISBN 978-7-5049-7392-4/F.6952
如出现印装错误本社负责调换　　联系电话（010）63263947

目录

目录

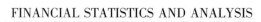

FINANCIAL STATISTICS AND ANALYSIS

CONTENTS

我国房地产市场面临中期调整压力

中国人民银行调查统计司经济分析处

为了全面了解我国房地产市场形势，分析判断未来走势，人民银行调查统计司和上海总部调查统计研究部于2014年6月中旬，组织人民银行分支机构调统系统对各省、自治区、直辖市进行了调研，并派三个调研组到广东、重庆、福建、湖南、黑龙江、内蒙古进行了实地了解。同时，对23个省74个城市的3755户家庭、940家金融机构、1074家房地产开发企业以及房地产中介进行了问卷调查。调研结果显示，房地产市场正在发生新的变化，市场销量下降，价格松动，房地产投资下降，资金链趋紧。5月，70个大中城市新建商品住宅和二手住宅价格上涨城市个数减少，环比平均跌幅均为0.1%，同比综合平均涨幅分别为5.4%和3.1%。从销售情况看，前5个月商品房销售面积同比下降7.8%，销售额下降8.5%。从投资情况看，房地产开发投资同比名义增长14.7%，增速分别比上年同期和上月下降5.9个和1.7个百分点。施工面积58.61亿平方米，同比增长12%。新开工面积6.0亿平方米，同比下降

18.6%。竣工面积3.07亿平方米，同比增长6.8%。

房地产市场正在出现分化现象。一线城市供求基本平衡，二线、三线、四线城市明显供大于求。预计下半年房地产价格有所下降。中期房地产市场面临调整压力。但从长期趋势看，只要没有过度的外部冲击，房地产市场不会出现雪崩式危险。

一是当前我国房地产市场整体仍处于供小于求状态。测算表明，截至2013年末，我国城镇住宅为2.05亿套，对应的住房缺口为3681万套，户均0.85套住房，人均住房面积24平方米。

二是未来5年，房地产市场供求形势将发生逆转。从供给能力看，未来5年（2014~2018年），房地产市场将提供95.69亿平方米住宅，可提供住房9291万套，解决近2.79亿人口的住房问题，每年约能解决5600万名城镇新增人口或1900万户城镇新增家庭的住房问题。其中，人均新增面积达20平方米以上的地区分别有重庆（31.7平方米）、海南

（25.9 平方米）、江苏（22.4 平方米）、贵州（22 平方米）。人均新增面积达 10~20 平方米以上的地区共有 17 个省、自治区、直辖市。从需求潜力看，即使按照未来人均收入增速 10%（经济增长 7%、物价上涨 3.5%、人口自然增长 5‰）计算，随着经济发展、人口自然增长和城镇化进程带来的新增的住宅需求也仅为 60.7 亿平方米。考虑物价因素，以年度人均收入增长 8% 的基准情景①估算，供给过剩较多的前六个省、自治区、直辖市分别为江苏（7.67 亿平方米）、重庆（4.55 亿平方米）、四川（4.22 亿平方米）、湖南（3.51 亿平方米）、山东（3.27 亿平方米）、贵州（2.09 亿平方米）。人均过剩面积较多的前六个省、自治区、直辖市分别为重庆、海南、贵州、江苏、四川、湖南、陕西和天津的 25.6 平方米、16.2 平方米、15.1 平方米、14.1 平方米、11.2 平方米、10.1 平方米、9.6 平方米和 9 平方米。

三是随着房地产市场供求趋向均衡，房地产价格有回调压力。从房价收入比看，我国均衡房价应为家庭年收入的 6 倍左右，低于现有价格 20% 左右。分城市看，北京（19.1%）、上海（18.1%）、深圳（17.3%）和福州（16.7%）房价收入比均在 15 倍以上。从租售比看，我国均衡房价应为年租金收入的 25 倍左右，也低于现有价格 20% 左右。数据显示，2013 年全国 100 个城市平均租售比为 32 倍，其中厦门最高达 50.8 倍，北京、上海、深圳三个一线城市分别在 40~50 倍。

四是家庭房贷偿还压力较大②，房贷与年收入之比高达 11.6 倍，远高于国际 6 倍的合理标准。房地产企业资产负债率高企，存货巨大。未来房地产市场走势不容乐观。

五是房地产市场向下调整，将对我国重要宏观经济金融变量产生负面影响。房屋销售价格同比下行一个百分点，将使固定资产投资、财政收入和工业增加值同比增速下行 0.16 个、0.17 个和 0.13 个百分点。房地产开发投资同比下行一个百分点，将使固定资产投资、财政收入和工业增加值同比增速下行 0.12 个、0.47 个和 0.14 个百分点。

基于上述判断，我们认为宏观调控政策应前瞻性预调微调，以时间换空间，力促房地产市场软着陆。第一要采取方方面面的措施稳定房地产市场预期。第二要改善房地产调控方式，对一线、二线、三线、四线城市分类调控，分层施策。第三要完善诸如住房融资、首付比例等金融制度安排，降低流动人口进入住房抵押贷款市场难度，降低住房流转交易成本，刺激住房的财富效应。第四要改善房地产市场融资环境，降低融资成本。第五要加强风险防控和监测，做好风险"防火墙"。

执笔：朱微亮

---

① 2000~2010 年，人均 GDP 增速为 15.4%；而 2010~2013 年，人均 GDP 增速降为 11.8%，增速下降 3.6 个百分点。可以预计，随着经济潜在增速降至 7% 左右，物价年均涨幅在 2% 左右，剔除人口增长后，年度人均 GDP 增速约为 8%。

② 数据显示，2011 年借款人年龄在 30-40 岁之间的家庭房贷与年收入比为 11.6 倍；收入最低的 25% 的家庭房贷与年收入比为 32.4 倍，均远高于国际的 6 倍标准。

企业商品价格降幅趋窄

——2014年7月企业商品价格指数月报

中国人民银行调查统计司稳定调查处

人民银行企业商品价格指数（CGPI）监测显示，7月CGPI环比下降0.1%，同比下降0.9%。剔除农产品，CGPI环比下降0.1%，同比下降0.9%。剔除季节因素，CGPI环比上升0.3%。

从环比变化看，过去几个月CGPI及其结构都呈降幅趋缓之势，当月农产品价格上升0.1%，矿产品、煤油电和加工业产品价格分别下降0.2%、0.3%和0.1%；消费品价格持平，投资品价格下降0.1%。

从同比变化看，农产品、矿产品、煤油电和加工业产品价格分别下降0.3%、2.8%、0.6%和1%；消费品价格上升0.1%，投资品价格下降1.1%，也呈现趋稳迹象。

一、活猪、活羊价格一升一降，活牛价格基本稳定

7月，活猪价格环比上升2.8%，同比下降9.1%；活牛价格环比上升0.1%，同比上升9.3%；活羊价格环比下降1.6%，同比上升0.6%。

价格低迷，促使养殖户进一步减少能繁母猪存栏量。2014年6月末，能繁母猪存栏4593万头，连续10个月下降，比5月末减少1%，比2013年末减少7%；同期，生猪存栏4.3亿头。7月16日，发展改革委监测的全国大中城市猪粮比价为5.31倍，低于6倍的盈亏平衡点。

二、棉花价格低位徘徊，糖料价格稳定，油料价格小幅提高

7月，棉花价格环比下降1.2%，同比下降3.2%；糖料价格环比持平，同比上升7.9%；油料价格环比上升0.6%，同比下降2%；植物油价格环比下降0.7%，同比下降5.5%。

年初以来，国内棉花价格下滑

6.5%，其主要原因有：第一，纺织企业普遍利润微薄，大多采取随用随拍的方式购买棉花，以控制棉花库存和生产成本；第二，棉花直补政策的细则尚未出台，加浓了纺织企业购买棉花时的观望气氛；第三，国内棉花价格明显高于国际市场价格，国内外棉价倒挂的现象没有发生变化。

三、钢铁产品价格低迷

7月，铁矿石价格环比下降2.8%，同比下降10.4%；生铁价格环比下降1.4%，同比下降7.4%；钢锭价格环比上升0.1%，同比下降6.5%；钢材价格环比下降1.2%，同比下降6.4%。

近期，房地产开发投资增速和汽车产量增长放缓，市场对钢材的需求持续低迷。

四、煤油电价格有升有降

7月，原煤价格环比下降2.2%，同比下降10%；石油价格环比上升1.3%，同比上升5.3%；成品油价格环比上升0.7%，同比上升3.6%；天然气价格环比下降0.5%，同比上升11.9%；电力价格环比下降0.3%，同比上升0.6%。

年初以来，煤炭价格下滑12.7%。7月30日，环渤海动力煤价格指数为489元/吨，比6月末下降7.4%，比上年末下降22.5%。在经济增速换档、结构调整的大环境下，煤炭需求不旺，是煤价持续下行的主要原因。

五、有色金属价格低位回升

7月，有色金属矿产品价格环比上升2.2%，同比下降2.1%。其中，金精矿价格环比上升1.5%，同比上升0.2%；银精矿价格环比上升3.5%，同比上升8.8%；铜精矿价格环比上升2.3%，同比下降1.6%。

有色金属冶炼及压延加工品价格环比上升1.7%，同比下降0.1%。其中，金冶炼价格环比上升1.6%，同比下降0.4%；银冶炼价格环比上升4.3%，同比下降5.6%；铜冶炼价格环比上升1%，同比下降0.7%。

7月，国家统计局的中国制造业采购经理指数（PMI）为51.7%，比6月提高0.7个百分点，连续5个月回升，制造业稳中向好的发展趋势得到确认。其中，新订单指数和生产指数分别为53.6%和54.3%，均在扩张区间。制造业形势好转，提振了有色金属需求，有色金属矿产品和冶炼及压延加工品的价格普遍小幅回升。

2014 年上半年小额贷款公司统计报告

中国人民银行调查统计司货币统计处

截至 2014 年 6 月末，全国小额贷款公司贷款余额 8811 亿元，同比增长 25.1%，增速较上年同期和上年末分别回落 18.9 个和 13.2 个百分点。2014 年上半年，小额贷款公司新增贷款 618 亿元。全国共有小额贷款公司 8394 家，上半年新增 555 家，其中 6 月当月新增 54 家；小额贷款公司从业人员 10.24 万人，上半年新增 7269 人，其中 6 月当月新增 628 人。小额贷款公司经营发展呈以下特点。

一、机构家数和从业人员扩张放缓，月均 9 家小额贷款公司退出

截至 2014 年 6 月末，全国共有小额贷款公司 8394 家，同比增长 18.5%，增速较上年同期和上年末分别回落 16.1 个和 10.5 个百分点。2014 年上半年，全国小额贷款公司新增 555 家，同比少增 451 家，扩张速度显著放缓，其中，6 月当月新增 54 家。2014 年上半年全国共有 54 家小额贷款公司退出。44.9% 的小额贷款公司分布在江苏（616 家，7.3%）、辽宁

（578 家，6.9%）、内蒙古（481 家，5.7%）、安徽（466 家，5.6%）、河北（459 家，5.5%）、吉林（401 家，4.8%）、云南（391 家，4.7%）和广东（373 家，4.4%）八省区。同期，小额贷款公司从业人员 10.24 万人，同比增长 24%，增速较上年同期和上年末分别回落 17.4 个和 11.3 个百分点。2014 年上半年小额贷款公司新增从业人员 7269 人，同比少增 4998 人，其中 6 月当月新增 628 人。

二、近六成贷款存量集中在江浙等八省区，约五成新增贷款集中在西部地区

截至 2014 年 6 月末，57% 的贷款存量集中在江苏（1148 亿元，13%）、浙江（914 亿元，10.4%）、重庆（627 亿元，7.1%）、四川（597 亿元，6.8%）、广东（531 亿元，6%）、山东（424 亿元，4.8%）、安徽（407 亿元，4.6%）、内蒙古（357 亿元，4%）八省区。其中，东部、中部、西部贷款余额占比分别为 49.8%、

表 2014 年 6 月末小额贷款公司基本情况统计表

地区名称	机构数量（家）	从业人员数（人）	注册资本金（亿元）	实收资本（亿元）	贷款余额（亿元）
全国	8394	102405	7718.08	7857.27	8811.00
北京市	69	847	94.20	100.70	111.75
天津市	110	1445	126.76	129.77	136.21
河北省	459	5336	263.35	263.42	277.56
山西省	315	3271	191.30	213.94	212.61
内蒙古自治区	481	4743	357.58	353.25	357.40
辽宁省	578	5238	350.60	352.48	327.35
吉林省	401	3421	105.30	105.59	79.33
黑龙江省	249	2208	114.19	114.46	106.43
上海市	112	1309	154.95	155.95	201.40
江苏省	616	6119	1030.38	933.30	1147.66
浙江省	330	3718	669.00	690.97	913.74
安徽省	466	5913	332.08	357.21	407.17
福建省	104	1551	233.70	236.20	279.99
江西省	221	2888	230.83	242.10	275.15
山东省	308	3704	351.57	358.82	424.42
河南省	325	4885	204.95	215.99	231.86
湖北省	243	3342	264.26	270.53	295.23
湖南省	124	1561	82.99	93.47	101.32
广东省	373	7823	493.04	518.43	530.85
广西壮族自治区	293	3915	232.28	236.88	307.83
海南省	34	402	31.90	33.00	34.63
重庆市	235	5566	490.23	516.30	627.17
四川省	326	7036	508.68	529.18	597.30
贵州省	278	3106	80.70	83.21	79.67
云南省	391	3813	175.47	188.22	195.11
西藏自治区	10	93	7.10	6.50	3.60
陕西省	222	2290	182.19	182.19	182.20
甘肃省	325	3042	124.54	130.49	105.72
青海省	41	472	27.26	31.79	36.16
宁夏回族自治区	116	1470	62.65	66.82	62.49
新疆维吾尔自治区	239	1878	144.05	146.12	161.70

数据来源：中国人民银行调查统计司。

19.4%和30.8%。与上年末相比，西部贷款余额占比提高1.4个百分点，东部和中部的贷款余额占比分别回落1.2个和0.2个百分点。

2014年上半年，东部、中部、西部地区小额贷款公司新增贷款及占比分别为213亿元（34.4%）、102亿元（16.5%）和304亿元（49.1%），西部地区新增贷款占比近一半。与上年全年相比，西部地区新增贷款占比提高11.6个百分点；东部和中部地区新增贷款占比分别回落6.2个和5.4个百分点。2014年上半年新增贷款较多的省市是重庆（118亿元）、广东（89亿元）、四川（76亿元）和广西（43亿元），四个地区新增贷款合计占全国新增贷款的53%。

三、单位和个人新增贷款均减少

截至2014年6月末，小额贷款公司单位贷款余额3354亿元（占小额贷款公司各项贷款余额的38.1%），同比增长23.8%，增速较上年同期和上年末分别回落16.8个和12.3个百分点。2014年上半年，单位贷款新增256亿元，同比少增167亿元；其中6月当月新增38亿元。

同期，个人贷款余额5446亿元（占各项贷款余额的61.8%），同比增长25.9%，增速较上年同期和上年末分别回落20.2个和13.8个百分点。2014年上半，年个人贷款新增362亿元，同比少

增336亿元；其中6月当月个人贷款新增103亿元。

四、自有资金增加较少，银行对小额贷款公司的资金融出较谨慎

2014年上半年，小额贷款公司自有资金（包括实收资本、本年利润和各项准备）新增1016亿元。其中，实收资本新增719亿元，占自有资金新增量的70.8%。6月，月新增自有资金132亿元，自有资金新增量是2014年2月以来最少的。

2014年上半年，外源性融资（从其他金融机构融入资金、中长期借款和应付及暂收款）减少28亿元，同比少增126亿元。其中，6月当月外源性融资增加7亿元。2014年上半年小额贷款公司从银行融入的资金余额下降36亿元（上年同期增加49亿元），表明银行对小额贷款公司的资金融出较谨慎。

五、贷款公司14家，贷款增长平稳

截至2014年6月末，全国共有14家贷款公司，其中天津5家，湖北和四川各2家，重庆、吉林、辽宁、内蒙古和浙江各1家。6月末，贷款公司贷款余额19.1亿元，比年初增加3.1亿元。

执笔：王新华　杨　钊

2014 年上半年村镇银行统计报告

中国人民银行调查统计司市场统计处

一、新增机构多于上年同期，平均单家资本实力仍低于小额贷款公司

2014 年 6 月末，全国村镇银行总计为 1015 家①，上半年新增 85 家，较上年同期多增 15 家；同比增长 22%，增速较上季度末小幅回落 0.9 个百分点。从地区分布看，东部、中部、西部地区机构存量分别为 412 家、302 家和 301 家；山东（76 家）、江苏（66 家）、浙江（65 家）、内蒙古（62 家）、辽宁（60 家）、河南（59 家）、安徽（53 家）和四川（44 家）八省区机构数量合计占全国村镇银行总数的 48%。增量上，上半年全国新增村镇银行主要分布在东部地区（45 家），中部和西部地区分别增加 25 家和 15 家。机构增加较多的地区主要有山东（11 家）、河北（11 家）、福建（8 家）、吉林（7 家）和广东（6 家），合计占全国村镇银行增量的 51%。从主发起人机构类型看，村镇银行主要由城市商业银行（380 家）和农村商业银行（348 家）

发起，分别占全国村镇银行家数的 37.4% 和 34.3%，上半年新设村镇银行八成（80%）由农村商业银行主发起。从主发起人入股比例看，主发起人入股金额平均占村镇银行注册资本的 46%，其中，重庆市的村镇银行主发起人入股金额占注册资本的比重最高（73.4%），辽宁的最低（25.5%）。从资本实力看，6 月末，全国村镇银行平均单家注册资本 7693 万元，较上季度末上升 79 万元，比小额贷款公司平均注册资本低 1668 万元，差距较上季度末扩大 175 万元。

二、个人存款高速增长，单位存款增长趋缓

截至 6 月末，全国村镇银行本外币②各项存款余额 4998 亿元（占农村类金融机构③存款余额的 3.1%），同比增长

---

① 指纳入人民银行统计体系的村镇银行，全文同。

② 除特别标注外，以下均为本外币口径。

③ 农村类金融机构含农村商业银行、农村合作银行、农村信用社、村镇银行、小额贷款公司以及贷款公司。

图　2011 年以来村镇银行存款增量和同比增速

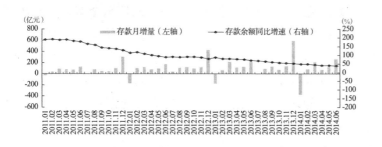

融机构各项贷款增速 28.5 个百分点。上半年村镇银行各项贷款增加 623 亿元，同比少增 44 亿元。6 月末，全国村镇银行平均存贷比为 85.2%，较上季度末下降 2.1 个百分点，高于全部金融机构平均存贷比 14.5 个百分点。

39.3%，增速较一季度末回落 5.3 个百分点，高于同期全金融机构各项存款同比增速 26.1 个百分点。增量上，上半年村镇银行各项存款余额增加 384 亿元，同比少增 175 亿元。

从存款结构看，截至 6 月末，单位存款和个人存款余额分别占村镇银行各项存款余额的 53.1% 和 46.7%。其中，单位存款余额 2652 亿元，同比增长 27.5%，比年初增加 36.5 亿元，同比少增 179.2 亿元；个人存款余额 2334 亿元，同比增长 55.7%，比年初增加 342.2 亿元，同比多增 3.5 亿元。从地区分布看，上半年村镇银行各项存款增加较多的地区为吉林（42.1 亿元）、江苏（41.2 亿元）、山东（33.7 亿元）、河南（33.6 亿元）和福建（30.7 亿元）。

与农村类金融机构比较看，6 月末村镇银行各项贷款余额占农村类金融机构贷款余额的 3.7%，较上季度末提高 0.1 个百分点。村镇银行各项贷款余额同比增速较小型农村金融机构[①]和小额贷款公司分别高 26.7 个和 17.1 个百分点。从地区分布看，上半年村镇银行各项贷款增加较多的地区为山东（50.5 亿元）、浙江（49 亿元）、河南（46 亿元）、辽宁（45.2 亿元）、内蒙古（40.2 亿元）、江苏（36.8 亿元）、四川（32 亿元）以及安徽（27.6 亿元），八省区村镇银行贷款增量占全国的 52.6%。

三、各项贷款快速增长，增速较上季度回落

2014 年 6 月末，全国村镇银行各项贷款余额 4257 亿元，同比增长 42.2%，较上季度末回落 8.4 个百分点，高于全金

四、短期贷款仍为贷款增长主力，个人贷款增速继续高于单位贷款

从期限结构看，贷款继续呈现短期化。6 月末，村镇银行短期和中长期贷款余额占各项贷款余额的比重分别为 85.3% 和 12.8%，与上季度末基本持平。增量

[①]　小型农村金融机构含农村商业银行、农村合作银行和农村信用社。

上，上半年短期贷款余额增加 526.3 亿元，占各项贷款增量的 84.4%。

从贷款对象看，个人贷款占比继续提升。6 月末，村镇银行个人贷款余额 2320 亿元，占各项贷款余额的 54.5%，较上季度末提高 1.8 个百分点，其中个人经营性贷款占比 90.6%；单位普通贷款余额 1851 亿元，占各项贷款余额的 43.5%，其中经营贷款占比 98.3%。增量上，上半年村镇银行个人和单位普通贷款余额分别增加 431 亿元和 206 亿元，占各项贷款增量的比重分别为 69.2% 和 33.1%。

五、单位贷款主要分布在制造业、批发和零售业及农林牧渔业

从贷款行业分布看，村镇银行的单位承贷主体主要分布在制造业、批发和零售业以及农林牧渔业。6 月末，上述三行业贷款余额分别为 745 亿元、396 亿元和 294 亿元，在村镇银行单位贷款（不含票据贴现，下同）中的占比分别为 40%、21% 和 16%。增量上，上半年上述三行业贷款分别增加 62.5 亿元、57.8 亿元和 38 亿元，分别占村镇银行单位贷款增量的 30%、28% 和 18%。

六、涉农贷款占比继续提升，农户贷款、农村贷款增速均高于全部贷款平均增长水平

2014 年 6 月末，全国村镇银行涉农贷款余额 3456 亿元，占村镇银行各项贷款余额的 81.2%，较上季度末提高 0.5 个百分点，占比持续提升；涉农贷款余额同比增长 44.7%，较上季度末回落 9.9 个百分点，但高于同期全金融机构和小型农村金融机构涉农贷款同比增速 28.1 个和 30.1 个百分点。增量上，上半年村镇银行涉农贷款余额增加 540 亿元，占村镇银行各项贷款增量的 86.7%，较上季度末提高 1.4 个百分点。

从"三农"贷款投向看，6 月末，全国村镇银行农村（县及县以下）贷款[①]余额 3092 亿元，占其各项贷款余额的 72.6%，同比增长 45.8%，较全金融机构农村贷款增速高 29.3 个百分点。农户贷款余额 1773 亿元，占村镇银行各项贷款余额的 41.6%，同比增长 59.6%，较全金融机构农户贷款增速高 35.2 个百分点；农业贷款余额 1064 亿元，占村镇银行各项贷款余额的 25%，同比增长 42.7%，较全金融机构农业贷款增速高 32 个百分点。

执笔：王真真

---

① 从 2013 年起，原农村贷款改称农村（县及县以下）贷款，统计内容保持不变。农村（县及县以下）贷款包括金融机构发放给注册地位于县及县以下的企业及各类组织的所有贷款和农户贷款。

我国第三方支付的发展现状及影响分析

中国人民银行福州中心支行调查统计处

一、我国第三方支付的发展现状

(一) 市场参与者众多，规模发展较快

截至 2014 年一季度末，已有 250 家机构获第三方支付牌照，其中，有外资背景的两家，有网络支付牌照的 97 家。易观智库数据显示，2013 年我国第三方支付机构各类支付交易规模达 17.9 万亿元，同比增长 43.2%，是 2009 年的 5.96 倍。

(二) 市场集中度较高，盈利主要靠手续费收入和沉淀资金利息

易观智库数据显示，2013 年以中国银联和支付宝、财付通为代表的集团运营支付企业分别以 42.5%、20.4% 和 6.7% 的占比位居交易市场前三名，合计占比达 69.6%，行业集中度较高。从收入来看，第三方支付公司的显性收入主要来自于商户服务佣金等手续费收入以及客户沉淀资金的利息①，其隐性的收入为客户的资料和交易的行为信用记录。

(三) 互联网支付持续快速增长，支付宝市场份额接近一半

艾瑞咨询数据显示，2013 年我国第三方互联网支付金额同比增长 46.8%，占第三方支付的比重约 1/3 (33.5%)，较上年提高 5.2 个百分点。从核心企业的交易规模份额看，2013 年支付宝交易规模占比高达 48.7%，位居首位；财付通占 19.4%，位居第二；银联在线占 11.2%，位居第三，三者市场份额合计近 80%。

(四) 移动支付交易规模暴增，移动互联网支付占比快速提升

艾瑞咨询数据显示，2013 年我国第三方移动支付市场交易规模达 1.22 万亿元，同比增长 707.0%，占全部第三方支付市场的比重为 4.7%，较 2012 年提高 3.5 个百分点。从支付技术看，近两年远程移动互联网支付在整体移动支付中的占比快速提升，2013 年占比高达 93.1%，较 2012 年提高 41.4 个百分点。随着智能

---

① 《支付机构客户备付金存管办法》回避了沉淀资金利息的归属问题，由支付机构和客户通过协议约定明确备付金利息归属问题，但在实践中利息收入基本归支付机构所有。

手机用户的大量普及和线下与线上市场的日益融合，移动支付已经成为第三方支付市场的争夺焦点，未来的前景和影响很可能将超过线上支付。

（五）支付服务不断深入，与金融的深度合作成为新的业务增长点

伴随信息技术的进步，第三方支付不再只是一个网络购物的支付工具，其服务范围不断扩大。通过与基金、证券、保险等传统金融企业合作，第三方支付公司的业务已逐步扩展到基金支付服务、小额信贷服务、理财投资服务、供应链金融服务、资产管理服务和外汇结算服务等领域。

二、第三方支付与传统金融机构业务比较

（一）与传统支付模式比较

传统的支付模式下，商户需要与各家商业银行分别签订合作协议，由商业银行网银专用接口向商户提供客户资金到账信息和订单信息，跨行支付则通过中央银行支付清算系统进行结算。而在第三方支付模式下（见图），第三方支付系统在商户与商业银行之间搭建了一个平台，其支付平台通过多点连接商业银行，一点连接商户，在进行网上跨行支付时，各家商业银行和商户只需要以第

图 第三方支付模式与传统支付模式比较

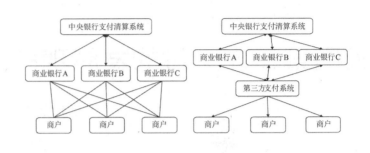

三方支付平台为对手进行清算，简化了商户的在线收款方式。此外，第三方支付机构在不同银行开立的中间账户对大量交易资金实现轧差，再通过少量的跨行支付完成大量小额资金的支付清算。可见，第三方支付通过采用二次结算的方式，实现了大量小额交易在第三方支付平台的轧差后清算，在一定程度上承担了类中央银行的支付清算职能。

（二）与传统银行支付业务比较

第三方支付企业与传统银行机构分别利用信息数据优势和信用优势发展各自优势业务，有竞争也有合作。目前银行在大额及企业支付上优势明显，而第三方支付的竞争力主要体现在小额、零售客户端支付服务上，且一般不受网点或地域的限制。

一是网上支付体验优于传统银行。尽管传统银行用户范围广、公信力较强，但资金结算周期长，对其他银行接口不兼容，创新能力弱，在对个人及中小企业客户的黏性上不如第三方支付企业高，针对零售客户的网上支付业务竞争力较弱。

二是小额转账业务方面第三方支付胜过传统银行。在异地/跨行转账和信用卡还款方面，第三方支付平台尽管额度较传统银行低，但到账时间快、费率低、创新能力较强，对传统银行的小额转账汇款业务手续费收入带来不利影响。

三是生活缴费代扣代缴业务方面，第三方支付也有一定竞争优势。第三方支付企业支持几乎所有银行 7×24 小时服务，而诸如建设银行等多家银行的网上银行只能实现公共事业费缴纳。此外，从各项业务的费率来看，第三方支付业务的费率也要低于银行。

三、我国第三方支付的作用及影响

（一）促进了互联网金融的发展

从模式上讲，第三方支付平台每天有大量的资金进出，容易衍生出不同的金融产品和服务，使互联网金融成为可能。如支付宝、财付通这类基于电商平台和社交网络的第三方支付企业具有广泛的客户基础，使互联网理财的产生和发展水到渠成。此外，第三方支付企业通过利用虚拟账户①对买卖双方的支付行为进行记录，积累了海量的数据②，通过这些海量的信息及与外部商户、外部机构互换的大量数据，构建了其独有的信用体系，为互联网融资业务奠定了基础。

（二）影响商业银行中间业务和信用中介角色

1. 商业银行多项中间业务受到影响，但对盈利状况影响有限。除未拥有实体账户外，第三方支付平台自身已形成相

对独立、与银行功能类似的跨行结算账户体系，且支付手续费更低（部分甚至免费）、操作更加便捷，其发展已经对银行的支付结算、银行卡、代理收付等多项中间业务形成了挤压。以 2013 年为例，16 家上市银行的支付结算业务、银行卡业务和代理业务三项收入合计约 3103 亿元，虽较 2012 年增长 21.7%，但增速较全部中间业务收入低 1 个百分点。特别是结算和清算业务，2013 年合计仅增长 9.4%，且有 6 家银行结算收入出现负增长。总体来看，由于受到影响较大的三项相关业务占商业银行营业收入的比重较低，特别是小额跨行支付规模在整个支付体系中占比仅为 1.9%，因此对银行的盈利影响有限。

2. 银行存款来源受到影响，非备付金银行活期存款外流。目前，用户可以通过网上银行等多种渠道为第三方支付账户充值，第三方支付平台实际上已具备了"吸收存款"的能力。此外，第三方支付会带来银行活期储蓄的流动与流失，最终导致非备付金存管银行活期存款的外流。一是活期储蓄转换为第三方支付机构的客户备付金。依托第三方支付的信用中介功能，买方付款与卖方收款的时间差为第三方支付带来巨额已收

---

① 在支付宝里转账，从A账户到B账户，只是运用互联网的技术更改了数据记录，对于支付宝在银行的账户来说，体现不出变动。因此，支付宝账户实际是虚拟账户，客户在支付宝账户里的钱是虚拟货币。

② 如支付宝发布"电子对账单"就是对买方信息的记录，而对卖方，除了其营业执照、经营许可证、商品授权等静态信息，还有其在支付宝上产生的大量动态信息，包括各种交易情况和支付情况。

代付的沉淀资金。以支付宝为例，2013年初支付宝的日均交易额已突破60亿元，假设平均周转时间为5天，则保守估计沉淀在支付宝的资金余额也超过300亿元。二是第三方支付机构的客户沉淀资金被集中于备付金银行，即客户备付金会向少数几家银行集中[①]。三是活期储蓄支付形成的备付金将部分转为1年以内的定期存款[②]。资金周转导致会有数额相对稳定的备付金沉淀在第三方机构的账户内，也即部分备付金完全可以以单位定期存款、单位通知存款、协定存款等形式存放在银行。此外，随着第三方支付的高速发展，其业务逐步向代理基金和互联网理财等领域拓展，这将对定期存款形成分流和竞争。

3. 银行信用中介角色受到冲击。快捷支付的发展使银行中介的角色进一步被边缘化。客户在绑定快捷支付之后，银行认证服务的界面与消费者支付的流程出现隔离，银行失去了在支付环节对客户信息的掌控，第一时间获取数据的是第三方支付公司（而这种庞大的客户信息和交易数据，也正是电商日后通过大数据实现商业价值的基石。以支付宝为例，目前支付宝注册用户数已超过8亿户，实名用户数量突破3亿户，实名用户数量虽少于工商银行和农业银行，但高于中国银行和其他股份制商业银行[③]）。因此，整体来看，支付业务虽然对银行影响并不大，但支付平台在聚集客户后，可以取得细分市场的信息，并通过衍生的投融资产品对银行业务形成冲击。

（三）监管制度有待进一步完善

通过中央银行清算系统和商业银行的结算网络，货币当局能够对货币流转保持有效的控制和监控，实现反洗钱、资金流向监控等管理目标。而建立在网络支付基础上的各种互联网金融，其结算体系是第三方支付平台。根据《非金融机构支付服务管理办法》的规定，第三方支付平台支付机构不得办理银行业金融机构之间的货币资金转移，但可以为收付款人办理银行、非银行金融机构间的资金结转。这就使社会资金周转有可能脱离商业银行体系，使收付款人之间的资金清算最终不需要中央银行的清算体系。相对于银行体系而言，我国对第三方支付机构的监管还处在规范阶段，缺乏对第三方支付平台上流转资金的有效监控，未来相应的监管制度有待进一步完善。

执笔：张 燕 吴 伟 王伟斌
姜桂萍

[①] 根据《支付机构客户备付金存管办法》，支付机构接收的客户备付金必须全额缴存至支付机构在备付金银行开立的备付金专用存款账户，支付机构应当并且只能选择一家备付金存管银行，可以根据业务需要选择备付金合作银行。

[②] 根据《支付机构客户备付金存管办法》，支付机构通过备付金收付账户转存的非活期存款，存放期限不得超过12个月。

[③] 根据2013年上市银行年报，截至2013年末，工商银行和农业银行个人客户数量分别为4.3亿户和4.4亿户，建设银行未公布，中国银行和上市股份制商业银行均小于3亿户。

广东制造业固定资产投资意愿上升

中国人民银行广州分行调查统计处

2014 年 7 月下旬，人民银行广州分行对广东省内 17 个地市 468 家制造业企业开展问卷调查，调查结果显示，随着投资回报以及资金环境的改善，企业固定资产投资意愿上升，未来经济回升动力增强。但外资和小企业投资意愿相对较弱，部分产能过剩企业仍在扩大投资，需要进一步关注。

一、制造业固定资产投资意愿上升

（一）企业短期固定资产投资状况上升，未来投资信心较强

从短期看，42.2%的企业目前有明确的固定资产投资项目，57.8%的企业暂无明确投资项目，与 2014 年 3 月末调查结果相比，有投资项目的企业比例上升 22.8 个百分点，显示企业投资状况回升。从中期看，36.6%的企业预计未来两年投资规模扩大，预计持平的占 49.2%，预计缩减的仅占 14.2%。

（二）从投资方向看，以扩大产能和产品转型升级为主

有固定资产投资项目的企业中，67.3%的企业投资主要目的是"新增生产线和新建厂房"，47.2%的企业投资主要目的是"产品转型升级"，26.1%的企业投资主要目的是"适应环保要求"，8%的企业投资主要目的是"构建营销网络"。

（三）企业股权投资趋于活跃，金融投资活动减少

调查显示，18.9%的企业有向其他企业的股权投资，较 2013 年 5 月高 5.1 个百分点；11.9%的企业未来两年有兼并重组计划；企业投资主要集中在本行业内，仅有 6.7%的企业未来两年有跨行业投资计划，主要涉及能源汽车、光电节能、电商、物流园区等领域。

随着企业固定资产投资意愿回升，利用闲置资金参与金融理财等活动的企业有所减少。25.1%的企业利用闲置资金购买理财或信托产品，较 2013 年 5 月末调查结果低 5 个百分点；8.6%的企业向

图 有固定资产投资项目的企业比例

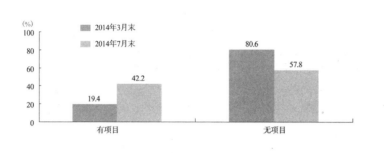

其他企业拆借资金或发放委托贷款，较2013年5月末低3.1个百分点。

二、企业投资意愿回升的主要原因

（一）制造业经营企稳回升

2014年二季度以来，广东制造业经营逐步企稳回升。2014年上半年，广东规模以上工业完成增加值同比增长8.2%，增速比一季度提高0.1个百分点。从先行指标来看，6月广东省制造业采购经理人指数（PMI）为51.6，连续4个月居于50%的荣枯线以上。随着企业经营的企稳回升，企业投资面临的不确定性减弱。

（二）成本压力趋于缓和，制造业投资回报率上升

在经历了2012年的低谷之后，2013年以来广东制造业投资回报率逐步上升。广东省520户工业企业调查显示，2014年上半年，企业总资产报酬率和资产利润率分别为7.86%和7.29%，较2013年分别上升1.68个和1.71个百分点，升至2010年以来最高水平。投资回报率的提升促进了企业固定资产投资的积极性。

（三）制造业设备投资升级的内在动力增强

调查显示，在转型升级压力下，企业提升产品技术水平和附加值、节约人工的设备投资需求增加。统计数据显示，2014年上半年，广东省工业技改投资较上年同期增长31.7%，呈现快速增长态势。

（四）银行对制造业投资支持力度加大

随着国家"微刺激"政策的实施，银行对制造业投资支持力度加大，企业资金环境有所改善。2014年上半年，广东省制造业中长期贷款新增17.8亿元，同比多增71.5亿元。本次调查有固定资产投资项目的企业中，83.1%的企业资金来源充裕或基本能够满足，仅有16.9%的企业投资存在资金缺口。其中，资金缺口率超过50%的企业主要分布于光伏、铝业、印染、造纸等国家限制性行业。

当前就业形势基本稳定，但要关注结构性和隐性失业问题

——基于江苏省就业统计数据和用工调查的判断

中国人民银行南京分行调查统计处

就业状况一直是世界各国宏观调控盯住的重要变量。在我国经济增长"合理区间"概念提出后，较为充分的就业已被视为政策调控的底限。为了更加全面地把握当前江苏省就业形势，人民银行南京分行调查统计处多方面收集了江苏省人口和就业统计数据，并于4月下旬在全省范围对346户样本企业用工情况开展了调查。

我们认为，尽管近年来江苏省经济增速持续下行，但并未对就业总体状况产生明显的负面冲击，江苏省劳动力总体上仍然供不应求，各项就业指标并未出现恶化趋势。这一看似矛盾现象的发生，具有特殊的人口与经济背景，包括劳动力供给增长的制约因素增多、产业结构调整带来的就业吸纳能力增强等。但在"三期"叠加、产业不断转型升级的背景下，需要高度关注结构性失业和隐性失业问

题，并采取适当的政策措施减轻其对经济增长和产业升级的负面影响。

一、江苏省当前就业形势基本稳定

（一）官方统计失业率较低，社会总体就业压力不大

数据显示，与全国走势大致相同，江苏省经济增长速度从2007年的14.9%持续下降到2014年一季度的8.8%。但是，就业人员数、城镇就业人员数、城镇登记失业率、调查失业率等官方统计的就业指标并未恶化，个别指标甚至有所改善。3月末，江苏省城镇登记失业率为3.08%，比2013年末上升了0.05个百分点，与上年同期基本持平，低于2007年末0.11个百分点，也远低于2014年我国4.6%的城镇登记失业率目标。

尽管我国官方失业率统计指标存在

一些缺陷，但即使按照后文所说的方法重新评估当前的失业率，也仍然不足4%，处于相对较低的水平。而且，失业率数据的变化也与最近几年我们在企业实地调研中的感受比较吻合，多数企业并未大规模裁员，企业反映较为集中的问题一直是"用工难、招工难和员工流动性大"。宏观就业数据与微观调研感受的契合，表明目前经济增长速度的下行并没有危及就业，全社会就业状况总体上没有出现恶化趋势。

（二）就业公共服务市场总体上依然是供不应求，用工短缺现象普遍存在

从反映就业公共服务市场劳动力供需格局的求人倍率来看，从2009年四季度开始，江苏省就业公共服务市场供求格局发生了实质性改变，求人倍率走出小于1的"供大于求"区间，进入大于1的"供不应求"区间。2014年一季度，江苏省求人倍率为1.06，与上季度持平，2013年以来一直在1.05~1.08微幅波动。

调查显示，目前企业总体用工满足率为91.5%。其中，制造业、住宿餐饮业、建筑业、交通运输仓储及邮电通信业、批发零售业等主要用工需求行业用工需求满足率分别为89.4%、90%、94.3%、92.8%、95.3%，制造业用工缺口率为10.6%，居各行业之首；技术人员、一线操作人员、底层管理人员、中高层管理人员、研发人员用工满足率分别为90.1%、83.6%、92.9%、92.5%、90%，均不同程度存在用工短缺现象，一线操作人员用工缺口率为16.4%，居各工种之首。

二、现阶段就业形势的形成具有特定的社会经济背景

（一）劳动年龄人口减少、外来人口和农村剩余劳动力下降制约了劳动力供给，新增劳动力呈现递减趋势

346户样本企业调查显示，34.7%的企业反映当前应聘人员比上年同期"减少"。当前新增劳动力趋于下降，其成因主要有以下三个方面。

1. 常住人口增长减缓，劳动年龄人口开始出现负增长。统计数据显示，虽然江苏省常住人口依然在增长，但人口增速自2010年开始逐年下降。2009年，江苏省常住人口增长1.7%，2010年快速下降至0.8%，2011~2013年增长速度分别下降至0.37%、0.26%、0.24%。依据人口变动情况抽样调查结果进行推算，自2011年江苏省15~64岁劳动年龄人口比例上升至历史最高水平76.2%后，该比例逐渐回落，并导致劳动年龄人口自2012年开始减少。数据显示，2012年、2013年，江苏省劳动年龄人口分别减少52万人、115.4万人。

2. 随着内地经济的快速发展，外来劳动力输入量趋于下降。346户企业调查显示，有31.7%的企业认为"外地流入劳动力减少"是当前劳动力供给减少的主要原因。据统计数据粗略估算，从2009年到2013年，江苏省际人口净流入量分别为115.3万人、37.2万人、9.4万人、1.9万人、0.2万人，呈逐年下降之势。这一人口迁入数据的变动，大致可以反映近几年省外劳动力净流入的变化趋势。

3. 农村可释放的剩余劳动力也已经有限。目前学术界对农村剩余劳动力的估算方法不尽相同，但多数学者测算出的结果支持农村剩余劳动力减少的观点。按照多数学者采用的剩余率法进行测算发现，江苏省农村剩余劳动力比率已经连续 12 年下降，从 2001 年的 47.49% 持续下降至 2012 年的 14.48%，累计下降 33.01 个百分点。2013 年，江苏省农村剩余劳动年龄人口仅有 302 万人，在全省劳动年龄人口总量中的占比仅为 5.4%。

（二）多数行业用工需求继续增长，低端劳动力需求尤为旺盛，对就业形成支撑

2014 年的用工需求总体仍在增长。346 户企业问卷调查结果显示，从 2014 年全年劳动用工需求来看，与上年全年相比，分别有 43.9%、49.1% 的企业预计 2014 年"总体招工计划增加"、"总体招工计划基本不变"，仅有 7% 的企业"总体招工计划减少"。

调查显示，"生产经营状况向好"、"员工流失率提高"、"结构性原因"是企业用工需求增长最主要的三个原因，其企业占比分别为 65.6%、31.8%、31.4%。调查显示，36% 的企业反映 2014 年员工流动性比上年"提高"。分工作岗位类别看，2014 年前四个月，一线操作人员、技术人员、管理人员、应届高校毕业生招聘比上年同期"增加"的企业占比分别为 45.7%、28.7%、12.9%、20.9%。当前企业对低端劳动力的需求增长更为明显。

（三）产业结构逐渐升级优化，经济整体吸纳就业能力有所增强

就业弹性系数是反映产业吸纳就业能力的主要指标。运用回归法测算后发现，1999~2013 年江苏省一、第二、第三产业就业弹性系数分别为 -1.8、4.3、5.1。可以看到，第一产业增加值每提高 1%，就业人员数下降 1.8%，而第二、第三产业增加值每提高 1%，就业人员数分别提高 4.3%、5.1%，说明近年来大量劳动力从第一产业流出，被第二、第三产业吸收。进一步分析发现，江苏省第三产业的就业弹性系数已经超过第二产业 0.8 个百分点，成为就业吸纳能力最强的产业。

随着江苏省产业升级步伐的加快，第三产业在 GDP 中所占比重持续上升，2013 年已经升至 44.7%。由于第三产业就业吸纳能力较强，随着第三产业比重的提高，整个经济的就业吸纳力也随之提高。根据分产业就业人员数计算，2000~2013 年，江苏省第一、第二产业吸纳就业人员累计减少了 240 万人，第三产业吸纳就业人员累计增加了 609 万人，经济整体吸纳就业人员净增加了 369 万人。

按照发达国家的发展经验，我国及江苏省第三产业比重将来可能继续提高到 65%[1] 以上，从而在较长时间内有利于就业的增长。假设第三产业就业弹性不变，按照未来第三产业达到 65% 的比重

---

① 经收集整理成熟发达国家经济数据，目前，美国、英国、德国、法国第三产业在 GDP 中所占比重分别为 80%、77.5%、65%、68%。

进行粗略测算,江苏省第三产业将新吸纳就业人员938万人左右,届时第三产业就业人员数在就业人员总数中占比将提高到57%左右,比2013年提高约20个百分点。

三、结构性失业和隐性失业问题需要高度关注

(一)就业的结构性问题突出,高端、低端劳动力的短缺与应届高校毕业生相对过剩并存

尽管劳动力总体上供不应求,但存在显著的结构性差异。346户企业调查显示,反映总体劳动力"供小于求"的比例要超过"供求平衡"和"供大于求"的比例,但是不同工作岗位类别间差异较大。其中,反映技术人员、中高层管理人员、研发人员、一线操作人员"供小于求"的比例要分别超过"供大于求"的比例25.3个、13个、34.1个、21.5个百分点,反映底层管理人员、应届高校毕业生"供大于求"的比例要分别超过"供小于求"的比例14.07个、56.87个百分点,这与公共就业服务机构反映的情况高度一致。

高校毕业生供给相对过剩与高端劳动力需求缺口大同时存在,说明江苏省不断推进的产业转型升级产生了大量暂时性、结构性失业问题。产业转型升级呼唤高端人才,但作为高端劳动力代表的高校毕业生却无法适应目前产业发展的需要,出现了暂时的相对过剩,反映出我国高端人才供给结构与产业发展的

需要之间存在一定脱节,需要通过调整和完善教育体系、加大职业教育力度、强化高校毕业生就业服务和引导等措施来逐步消除这种矛盾。

与此同时,低端劳动力需求也存在较大缺口,说明江苏省劳动密集型产业依然占有较大比重。在劳动力供给制约因素增多,尤其是吸引外省低端劳动力流入难度逐渐加大的背景下,这一状况可能会对企业经营和经济增长产生不利影响,迫切要求加快产业转型升级,逐步减少低端劳动力需求。

(二)隐性失业现象有所增多,工资收入增长有所放缓

尽管经济增速减缓对就业总水平的影响并不明显,但也存在隐性失业的现象。据实地调研企业反映,当前企业销售、订单、利润、产品价格、产量等各项经营指标均不理想,尽管大规模裁员现象并未发生,但部分企业设备开工率降低,员工工作时间缩短,工作强度降低,影响了劳动报酬增长。人民银行南京分行工业景气监测企业财务数据显示,2014年一季度,全省监测企业人均工资收入同比增长8.3%,平均涨幅自2011年以来累计收窄了7.6个百分点。

四、当前开展就业形势监测的初步思考

(一)对失业率的重新估算

尽管求人倍率、城镇登记失业率、调查失业率等指标的统计存在缺陷,但在反映就业总体形势方面与微观企业感

受基本上是一致的，用来判断就业和失业趋势是值得信赖的，可以作为总体就业形势的观测指标。而且，公共就业服务机构发布的岗位需求、求职人数、求人倍率还有分结构数据（行业、职业、学历、职业等级、性别、区域等），在反映就业结构方面也有一定价值。因此，我们综合运用普查数据和就业观测指标，重新估算失业率水平。

通过人口普查年份（最近为2010年）数据整理，我们大致可以计算出2010年江苏省总体、城镇、农村失业率分别为2.28%、3.22%、1.06%。然后，以此为基准，我们运用观测指标的变化趋势对各时期的失业率进行估算。但需要说明的是，受农业生产季节性和技术进步因素的影响，农村存在不容忽视的隐性失业问题，但人口普查数据无法反映，因此直接使用普查数据计算出的农村失业率明显偏低，应当借助辅助手段（如问卷调查）了解农村居民隐性失业程度，进行必要的修正。

估算方法为：当季城镇失业率=2010年四季度求人倍率/求人倍率当季值×2010年普查年份城镇失业率，可以大致反映当季城镇失业率情况；当季总体失业率=2010年四季度求人倍率/求人倍率当季值×2010年普查年份总体失业率（对农村失业率修正后），可以大致反映当季总体失业率情况。

自2010年以来，城镇登记失业率在3.03%~3.22%波动，城镇失业率估算数在3.22%~3.53%波动，略高于城镇登记失业率，能够将城镇登记失业率的一些遗漏反映出来，用于评估城镇失业状况似乎更加妥当。我们也发现，在未修正农村失业率的情况下，2010年以来江苏省总体失业率估算数在2.28%~2.5%波动，直观感觉似乎偏低，进行必要的修正后再重新估算，可能会更妥当一些。

（二）通过不定期用工状况问卷调查来辅助就业形势监测

在相当长的时间内，我国及江苏省劳动力总量供不应求可能成为常态，缺工问题将继续困扰企业。同时，我国及江苏省当前均处于产业转型升级时期，劳动力供给结构与产业结构不匹配的矛盾短期难以缓解，劳动力流动可能更为频繁，随之而来的结构性失业和摩擦性失业可能较为突出。现行就业统计无法对这些问题及时有效地反映，需要借助于问卷调查来了解。

执笔：张建平

当前房地产市场融资收紧和销售低迷同步发生

中国人民银行重庆营业管理部调查统计处

2014 年二季度，为全面了解和掌握当前重庆房地产企业资金状况，重庆营业管理部调查统计处选取部分代表性居民、房地产企业、中介机构、金融机构等主体进行问卷调查并召开房地产市场发展状况专项座谈会，综合调查结果显示：当前重庆房地产市场销售低迷，需求萎缩致商品房成交价格略有回落；房地产企业资金链趋紧，资金链断裂风险预期上升；商品房需求端和供给端、资金供给端预期全面转变。

一、房地产销售低迷，商品房成交价格略有回落

（一）购房需求下降，商品房销售面积和销售金额持续负增长

2014 年 6 月，对 35 家房地产企业及中介机构调查显示，62.9% 的企业表示当前看房客数量比上年同期有所减少，仅 8.6% 的企业认为看房人数同比有所增长。在二手房中介机构中，有 75% 的企业认为当前看房人数减少。据重庆雷士房地产开发有限公司反映，5 月公司楼盘看房人数较一季度月均人数下降 65% 左右。同时，6 月重庆营业管理部对 90 位居民调查显示，在下半年有购房计划的居民占比为 25.6%，其中有购房计划的城镇居民占比仅为 17.6%。根据重庆营业管理部二季度储户调查（440 位居民）结果，在未来 3 个月中，有 9.75% 的居民有"住房"消费需求，分别较上季度和上年同期下降 8.5 个和 1.5 个百分点，创 2000 年以来的最低水平。

需求下降直接导致商品房销售下滑。2014 年 1~5 月，全市商品房销售面积和销售金额分别为 1714.96 万平方米和 977.40 亿元，同比分别下降 4.8% 和 2.4%，连续 4 个月处于负增长状态。其中，住宅销售面积和金额分别为 869.12 万平方米和 831.59 亿元，同比分别下降 8.7% 和 4.8%，销售金额降幅还较 1~4 月

扩大 1.9 个百分点。办公楼和商业营业用房销售金额同比分别增长 18.9% 和 14.5%，但分别较上年同期回落 61.6 个和 5.6 个百分点。办公楼和商业营业用房销售金额增速的大幅回落也是房地产企业减少该类物业开发力度的直接原因。

(二) 商品房成交价格略有回落

2014 年 5 月，重庆住宅价格同比上涨 7.06%，分别较上月和上年同期涨幅回落 1.06 个和 0.82 个百分点，涨幅连续 4 个月有所收窄。4 月，重庆二手房住宅价格同比上涨 3.6%，较上月涨幅缩小 0.4 个百分点，总体也呈掉头向下之势。

从典型楼盘售价看，近 2/3 楼盘售价环比下跌，但多数降幅在 5% 以内。结合全市 33 家房地产企业 66 个楼盘（不含别墅）2014 年以来各月销售价格变动情况看，4 月 66 个楼盘平均售价为 7828 元/平方米，较 3 月下降 1.84%。66 个楼盘中，有 62.1%（41 个）楼盘 4 月售价较 3 月有所下降，其中降幅在 5% 以内的共 29 个，占降价楼盘的 70.7%。但值得注意的是，对全市 20 个别墅楼盘售价进行分析发现，4 月 20 个别墅平均售价 12631.7 元/平方米，环比增长 8.4%。20 个楼盘中，仅有 8 个楼盘售价环比下跌，平均跌幅不足 10%。

二、房地产企业资金链趋紧，资金断裂风险预期上升

2014 年 5 月，全市房地产开发企业资金来源同比增长 3.6%，较上月和上年同期下降 0.9 个和 28.4 个百分点，为

2004 年以来的最低增速，甚至较金融危机期间最低增速（4.2%）还要低 0.6 个百分点。对 100 家房地产企业调查显示，在认为资金紧张的房地产企业中，48% 企业认为是销售放缓所致，环比上升 18 个百分点。在销售放缓同时，信贷收紧、预售资金监管趋严等也是影响房地产企业资金的重要原因。

(一) 房地产企业开发贷款继续收紧，融资难度上升

1. 融资门槛提高。随着大多数银行信贷额度实行更加严格的月度控制和更加强调资本利润回报，房地产信贷门槛进一步提高，获得信贷支持难度进一步增加。100 家房地产企业调查显示，87% 的房地产企业认为银行收紧信贷，环比上升 15 个百分点。分规模看，从银行获得贷款的大型房地产企业占比超过 65%，同比提升 24 个百分点，而获得贷款的中小占比分别较上年同期低 3 个、8 个百分点。座谈中，不少房地产企业表示当前银行放款比较困难。据重庆房地产企业龙头之一的金科地产反映，公司 2014 年累计向银行申报贷款 16 亿元，通过审批的贷款有 5 亿元，但目前仅到位 2.6 亿元。

2. 房地产企业融资利率明显上升。一方面，房地产开发贷款利率上升。从座谈情况看，二季度房地产企业开发贷款利率普遍较上年同期上升 1 个百分点左右。另一方面，银行综合回报要求较高，增加房地产企业融资成本。据重庆春风地产反映，银行要求将开发贷款转为保证金存款，再通过质押贷款形式获

得资金，获得资金总额还仅为原开发贷款的 80%~90%。房地产企业测算，通过该套程度和操作，相当于开发贷款利率增加 3 个百分点左右。

3. 获得非银行融资的房地产企业开始减少。100 家房地产企业调查显示，参与信托贷款、委托贷款、民间融资与境外融资的企业占比分别为 32%、21%、9%、10%，其中信托贷款环比下降 8 个百分点，其余融资降幅超过 20 个百分点。

(二) 银行按揭贷款发放速度虽有加快，但无法快速消化庞大的应收账款

座谈会中，多家房地产企业（如金科地产、木鱼石房地产开发有限公司）表示，在人民银行召集 15 家银行要求及时发放个人按揭贷款后，个人按揭贷款发放速度有所加快。但相对于房地产企业应收账款规模而言，仍是杯水车薪。5 月，重庆兴茂地产开发有限公司获得银行发放按揭贷款约 3500 万元，较一季度月均水平高出 20%，但公司目前仍有超过 4 亿元的银行按揭贷款资金尚未回笼，占公司上年以来销售收入的 15% 左右。

(三) 地方政府对房地产企业预售资金监管趋严，房地产企业使用预售资金的限制增多

座谈会中，多家企业对重庆市城乡和住房建设委员会发布的《商品房预售资金首付款支付使用实施细则（试行）》反映强烈①。据重庆润田房地产开发有限公司计算，该公司计划 2014 年预售收入 23 亿元，按照新规，公司共需缴纳监管资金 12.9 亿元，将对公司资金链造成极

大冲击。重庆木鱼石房地产开发有限公司表示，在银行开发贷款、按揭贷款收紧的情形下，新规出台只能加剧房地产企业资金紧张，若预售资金无法正常使用，企业缴税都将成为问题。

在此情形下，受调查的 100 家企业中，18% 的企业表示资金链可能存在风险，环比、同比均上升 8 个百分点，其中，认为未来 3~6 个月、6~12 个月内出现资金链风险的企业分别为 8%、10%，环比分别上升 5 个、2 个百分点，同比均上升 4 个百分点。

三、市场主体预期全面转变

(一) 居民房价预期开始转变

据重庆营业管理部城镇储户问卷调查显示，二季度有 15% 的居民预期未来房价"下降"，分别较上季度和上年同期大幅上升 8.25 个和 11 个百分点。二季度城镇居民房价预期指数为 54.94%，分别较上季度和上年同期大幅下降 13.04 个和 15.35 个百分点，为近两年以来最低值。在 6 月对 90 位居民进行的调查中，认为下半年房价继续上涨的仅有 18.9%，较"认为下跌"的占比低 4.4 个百分点。

35 家房地产企业及中介机构中，

---

① 按照该实施细则，大部分房地产企业（房地产企业 1~30 强不受新规监管）需按预售总额一定比例分别缴纳固定监管资金和动态监管资金，监管资金的支付使用严格与工程进度挂钩。如预售项目完成主体结构封顶后，方可申请使用动态监管资金的 70%（属于精装修房项目的，可申请使用专用账户内动态监管资金实际余额的 80%）；预售项目取得竣工验收备案证后，方可申请使用所有动态监管资金；预售项目取得房屋产权初始登记证后，方可使用固定监管资金。

17.1%的企业预计 2014 年同品质房屋价格会较上年下跌，其中 66.67%的企业认为跌幅将超过 5%。对 100 家房地产企业调查显示，预计上涨企业占比为 25%，同比下降 19 个百分点；预计下跌企业占比为 28%，同比上升 15 个百分点。

（二）商品房实物供给端预期也在下调

从调研结果看，作为商品房实物供给方，房地产开发企业自身对行业盈利预期也明显下调。这突出表现在房地产企业开发意愿和购地意愿的变化。如重庆大仁房地产开发有限公司反映，鉴于目前形势，2014 年公司改变原定购地 3~5 块的计划，将只购入 1 块地块。同时，由于房地产企业普遍认为短期内可能会放松信贷约束的可能性几乎为零，在寻求民间融资支持时，对借贷利率的敏感性明显增强。据重庆营业管理部民间融资调查显示，一季度重庆房地产业民间融资平均利率为 16.5%，较上年同期下降 2.3 个百分点。

（三）商品房资金供给端预期改变

当前商业银行收缩房地产信贷最大动因在于对房市发展预期的改变。出于对经济下行和房地产市场运行周期的多方考虑，银行对房地产市场高盈利预期发生改变，进而引发了银行对房地产市场贷款风险的担忧。调查显示，55.4%的

银行认为 2014 年房地产行业不良贷款将上升。与此同时，房地产行业以外的产业资本已不再青睐房地产业，进入房地产市场速度明显放缓。1~4 月，全国房地产开发资金来源中，外商直接投资同比负增长 23%，连续 3 个月两位数负增长。在 22 家大中型工业企业调查中，超过 80%的企业表示若有闲置资金，不会进入或投资房地产市场。

四、房地产未来走势预测与相关建议

从长期看，房地产市场供给能力充足，潜在需求巨大，房市暂无"崩盘"之忧。从短期看，房市有"调整之痛"，房地产企业盈利模式和定价策略都有可能发生改变，未来一段时期实施降价的房地产企业将增多，区域性分化和行业间的整合将进一步加剧，房地产投资仍将减速，需高度警惕"尾部风险"。

为促进房地产市场的健康发展，建议短期内，适当强化政府调控，强化预期引导，督促银行加快首套房按揭贷款发放，切实保证首套房购房需求；从长期看，应用市场化的调控手段来保障房市健康发展。

执笔：胡资骏

信贷期限结构错配状况及表现

中国人民银行济南分行调查统计处

一、当前对公贷款期限结构总体状况

从信贷供给的角度看，当前金融机构信贷期限结构呈现积极变化，中长期贷款占比不断提升；各档期限贷款总体能满足企业生产经营融资的期限需要，投向结构与各行业自身生产经营特点基本一致。

（一）近年来，全省金融机构对公贷款中，中长期贷款占比稳步提高

除受"四万亿元投资"刺激政策影响较大的 2009~2012 年外，全省中长期贷款余额占比呈逐年上升势头，对实体经济而言，信贷融资的稳定性持续增强。截至 5 月末，全省金融机构对公贷款余额（境内各项贷款–个人贷款）37777.8 万亿元，其中对公中长期贷款余额 13549.6 亿元，占全部对公贷款的 35.9%，比年初提高 0.4 个百分点，同比提高 0.8 个百分点，较危机前的 2006~2008 年平均水平提高 3.5 个百分点。1~5 月，全省对公中长期贷款新增 1082.4 亿元，同比多增 505.7 亿元，占全部新增对公贷款的 41%，同比提高 10.7 个百分点。

（二）分行业看，制造业以短期贷款为主，基础设施、房地产相关行业是中长期贷款投放的重点领域

截至 2014 年 5 月末，全省金融机构对公中长期贷款余额中，制造业中长期贷款 2261.9 亿元，占比 18.6%，占制造业全部贷款余额的 14.4%。可以看出，制造业贷款中 1 年以内的短期流贷占比为 85.6%，符合制造业维持日常生产经营对流动资金贷款需求量大的特点。而电力、交通、租赁商务服务、水利环境公共设施管理、房地产和建筑业六个行业，主要业务以基础项目建设、房地产开发投资为主，对中长期信贷资金需求较为旺盛，截至 2014 年 5 月末，六个行业中长期贷款余额合计占金融机构全部中长期贷款的 69.8%，分别占各自行业贷款总量的 66.7%、82.3%、35%、95.1%、94.2% 和 52.3%。

（三）调度数据显示，对公短期贷款余额以 1 年期为主；3 年期以上贷款占中长期贷款的比重接近六成

据对 244 户企业 2011 年以来 4300 笔贷款期限的调度显示，目前金融机构发放的短期贷款，期限上主要有半年期和 1 年期两种。据此我们对青岛市金融机构贷款标准化统计数据进行了推算，在对公短期贷款中，1 年期贷款余额占比超过八成，达 84.9%，半年期贷款余额占比 15% 左右。总体而言，这种 1 年期为主的短期贷款期限结构，能够满足实体经济生产经营的融资期限需要。据我们对全省 404 户工业企业监测数据测算，综合考虑原材料、产成品和应收货款周转情况，样本企业平均生产营运周期为 116 天，约 4 个月。

在对公中长期贷款余额中，1~3 年期（含）占比 41.5%，3 年期以上贷款余额占比 58.5%，其中，3~5 年（含）贷款占比 12.3%，5~10 年（含）贷款占比 22.5%，10 年以上贷款占比 23.7%。

二、当前银行贷款期限与企业实际需求错配的主要表现

尽管从信贷供给角度看，贷款期限结构总体与企业融资需求基本匹配，但实际运作中，受金融机构信贷审批管理机制、企业自身融资条件、财务软约束和投资冲动等诸多因素的影响，导致企业对贷款期限和实际融资需求错配问题反映较突出。据我们对 244 户企业融资状况调查，企业反应目前存在信贷期限

错配问题的占比为 37.7%，较上年同期提高了 8 个百分点。从我们调研中企业反映的情况看，主要有三种表现形式。

（一）项目贷款审批难度大、审批期限长，"短贷长用"问题明显，是当前企业反映最突出的期限错配问题

项目贷款期限长，潜在风险较大，金融机构审批门槛高、限制条件多，部分企业便通过"还旧借新"滚动使用短期贷款，满足项目建设长期资金的需要。从我们调研的情况看，该问题在不同类别的企业中较为普遍，特别是不具融资优势的中小企业反映更为突出。调查显示，有 52.5% 的企业认为错配主要表现为中长期项目投资资金需求不能得到满足，存在"短贷长用"的问题。例如，某纺织企业扩产搬迁项目需贷款 6000 万元，但由于不符合商业银行产业政策，且固定资产抵押不足，项目贷款需求无法满足，企业通过挪用流动资金贷款方式满足扩产搬迁项目需求。某食品有限公司 2013 年扩建生产厂区，计划两年内建成投产，投资资金缺口 900 万元，全部通过银行短期流动资金贷款解决，占投资比重达到 30%。

（二）流动资金贷款期限短于生产周期，部分行业企业存在"长需短供"问题

总体来看，目前金融机构短期流贷以 1 年期为主，基本能够覆盖大部分生产企业平均 4 个月左右营运周期。但对农产品种养、科技研发、大型设备制造等生产周期跨年度的行业而言，流动资金贷款期限和企业生产经营需要不匹配

问题较为突出。例如，潍坊某农民专业合作社，投资 1500 万元种植鲜食葡萄 740 亩，其中 1 年期银行贷款 84 万元，与 3 年左右的种植回报期明显不符。某乳品有限公司主要从事奶牛养殖和乳制品生产销售，从奶牛养殖到产奶一般需要两年时间，目前在农村信用社办理了 3 笔共计 900 万元的短期流动资金贷款，贷款到期后企业只能通过各种渠道筹措资金，先归还贷款再重新申请贷款，感到面临较大融资压力。

（三）流动资金贷款期限长于企业实际需要，部分生产季节性较强的企业存在"短需长供"问题

金融机构信贷投放具有前松后紧的特点，为了保证能及时得到银行贷款，部分生产季节性较强的企业年初拿到 1 年期的流动资金贷款，造成"短需长供"。例如，山东某实业有限公司反映，目前企业贷款主要以 1 年期流动资金贷款为主，但企业资金需求主要集中在四季度，二季度至三季度资金宽裕时期也不敢归还银行贷款，担心需要资金时银行贷款不能及时发放。微山县某实业有限公司是一个农副产品加工企业，主要生产咸鸭蛋和松花蛋，生产季节性较强，一般在每年的 5 月、6 月大量生产，在中秋节前大量销售，因此企业在 5 月、6 月需投入大量资金采购原材料，中秋节左右回笼货款，企业贷款需求期限大约在半年左右。但农联社向该企业发放的贷款期限均为 1 年，造成企业财务负担加重。

执笔：徐旭先　魏金明

黑龙江省外贸发展持续下滑

中国人民银行哈尔滨中心支行调查统计处
中国人民银行牡丹江市中心支行调查统计科

2014年上半年，黑龙江省外贸发展持续下滑，进出口总额连续同比下降，企业经营遇到困难，进出口企业对未来经营形势预期担忧加剧。人民币即期汇率浮动区间扩大给进出口企业经营带来多重影响。综合保税区建设缓慢、服务功能发挥不佳，在一定程度上影响黑龙江省沿边开发开放进展及外贸行业转型升级。

一、黑龙江省外贸连续负增长，企业经营难度加大

上半年，黑龙江省实现进出口总值159.6亿美元，同比下降21.6%。其中，出口总值55.7亿美元，同比下降37.7%；进口总值103.9亿美元，同比下降9.1%。实现贸易逆差48.2亿美元，同比扩大1.9倍。进出口总值连续6个月出现负增长，降幅均在10%以上。

（一）企业总体经营下滑，对未来经营担忧加剧

监测数据显示，二季度样本企业主营业务收入32亿元，同比增长8.8%；主营业务成本28.6亿元，同比增长2.2%；利润总额0.002亿元，同比下降99.7%，降幅较大；进出口额3.5亿美元，同比下降6.9%。企业经营整体出现下滑。问卷显示，本季度40%的企业经营亏损，60%的企业进出口额环比减少，84%的企业当前经营状况一般和较差，29%的企业预计下季度增亏。企业对未来经营形势担忧加剧。

（二）日常消费品出口竞争力下降，多种类商品出口同比下降

一直以来，黑龙江省出口以日常消费品为主，本季度受外需不振及周边国家和地区的竞争日趋激烈、黑龙江省传统贸易竞争力优势削弱的影响，多种日常消费品出口出现下降。其中，以边贸方式出口服装及衣着附件0.56亿美元，同比下降13%；出口鞋类0.54亿美元，同比下降10.5%；出口纺织纱线、织物及制品0.48亿美元，同比下降8.8%。

（三）木材等进口企业成本增加，企业利润下滑

监测显示，本季度木材企业进口成本增加较多，原因是全球木材原料紧缺，俄罗斯调整价格，控制木材出口。19户木材企业进口成本合计3.4亿元，同比增长43.3%。同时，由于国内需求量下降，木材进口额出现下降，企业利润下滑明显。19户进口木材企业进口额0.34亿元，同比下降9.9%；利润总额0.47亿元，同比下降47.6%。

（四）企业融资渠道单一，融资难度加大

当前黑龙江省边贸企业融资渠道狭窄，基本上依靠银行贷款融资。调查显示，二季度100户样本企业融资总额为5.9亿美元，与上年同期基本持平。其中，银行贷款占99.1%，环比增加20.1个百分点；民间借贷占0.9%，环比减少20.1个百分点。由于黑龙江省边贸企业多为中小型民营企业，抗风险能力较差，金融机构为控制经营风险，贷款门槛普遍较高，企业大多无法达到要求。问卷结果显示，53%的企业表示从银行获得贷款比较困难，67%和43%的企业分别由于缺少抵押和手续繁琐而无法获取银行贷款，环比分别增加6个和9个百分点。

二、外贸发展形势不容乐观，不确定因素增加

（一）人民币即期汇率浮动区间扩大给企业经营带来多重影响

对于2月中下旬以来人民币对美元汇率呈现的快速贬值态势，多数企业能够理性应对。调查结果显示，91%的企业能够接受的人民币贬值幅度在3%以内。从上半年人民币对美元即期汇率变动幅度看，仍在企业接受范围内。对于3月17日人民银行宣布扩大人民币即期汇率浮动区间至2%，多数受访企业认为：一是未来人民币汇率波动幅度将会加大，企业面临的汇率风险上升；二是汇率弹性增强，更多会呈现双向波动，之前单边升值趋势下的无风险套利机会将会减少。但人民币对美元汇率贬值有助于缓解企业出口压力，出口企业汇兑收益将会有所增加。

（二）进出口产品结构有待进一步升级，对地方经济拉动作用不明显

从对俄罗斯出口看，监测企业多以出口服装、鞋类和衣着附件为主，这些商品大多产自国内其他地区，本季度监测企业地产品出口占比只有4.7%，而且出口形式主要是包裹运输、旅游和进出境购物的携带，只体现了本地口岸和通道的优势，出口对本地经济增长的拉动作用十分有限。从对俄罗斯进口看，监测企业多以进口原木、化肥、原油、钢材、纸浆为主，这种单一的进口结构，对俄罗斯市场的依赖性过强，如果俄罗斯调整出口政策或出现其他变化，势必带来不利影响，不利于对俄罗斯贸易的进一步发展。

（三）企业发展缺乏连续性扶持政策，出口代理业务减少

2013年，黑龙江省部分口岸地区为促进当地对俄贸易发展，对出口企业采

取扶持政策，对有出口业绩的企业给予政府补贴，有力地促进了出口代理业务的增长。但由于扶持政策没有延续至今，致使 2014 年的出口代理业务减少，在一定程度上影响了黑龙江省对俄罗斯贸易的出口增速。从监测数据看，本季度 18 户有代理业务的企业出口额为 0.6 亿元，同比下降 7.8%。

（四）综合保税区功能未得到充分发挥，外贸发展缺乏平台支撑

黑龙江省绥芬河综合保税区经过几年的运营，取得了一定发展，在服务对俄罗斯贸易发展方面发挥了物流通道和经贸平台的作用。入区企业已经发展为 282 户，累计完成过货量 149.2 万吨，累计实现进出口货物总额 11.1 亿美元，但对比其他省份综合保税区，它的许多功能并没有充分发挥出来。2013 年入区注册企业只有 57 户，同比下降 114%，企业入住率为 12%，同比下降 3 个百分点。通过调查了解，影响保税区功能发挥的因素主要是招商引资难度大、区内支柱产业匮乏、高层次商贸人才不足、硬件建设不到位等几个方面。

三、推进外贸行业转型升级

（一）加大政策扶持力度，提高贸易投资便利化

一是扩大企业主体规模。根据国家制定的一系列外贸鼓励政策，尽快出台一些阶段性的实施细则，积极创造更加优惠的条件，吸引省外企业到黑龙江省开展对俄进出口业务。二是完善进出口补贴政策。实行分类补贴，逐渐向高新技术进出口商品倾斜。发挥黑龙江省优质高效农业发展优势，支持扩大对俄罗斯农副产品出口。三是鼓励企业自主创新。加大财政对科技创新的培育力度，对进行自主创新和开展研发活动的企业给予适当的税收优惠或研发资金支持。

（二）加强贸易风险控制，提升外贸企业发展水平

一是加强汇率预期引导，增强企业判断汇率走势的能力，鼓励企业利用银行的国际业务产品锁定汇率风险。二是在当前俄罗斯经济不景气的情况下，推进外贸市场多元化战略，拓展新兴市场，分散贸易风险。三是做大做强龙头企业，打造产业集群，增强企业的国际竞争力，弥补单一企业出口在渠道、市场信息、资金等方面的欠缺。

执笔：王玉凯　平祥仁　柏雪银
　　　赵　虹

2014 年上半年甘肃省信贷投向分析

中国人民银行兰州中心支行调查统计处

2014 年上半年，全省金融机构突出对重点领域和薄弱环节的信贷支持，贷款继续保持了快速增长。6 月末，全省金融机构本外币各项贷款余额 9958.44 亿元，增长 23.70%，高出全国增速 9.98 个百分点，增速位居全国第三。上半年新增贷款突破千亿元，达到 1113.87 亿元，较上年同期多增 276.34 亿元，增量创历史新高。

一、上半年新增贷款主要投向

（一）落实"稳增长"政策，重点领域信贷投放较多

2014 年以来，全省金融机构结合国家"稳增长"政策和甘肃经济社会发展实际，将新增贷款重点投向交通运输、电力、公共设施管理等基础设施行业以及保障性住房建设、棚户区改造、游牧民定居等保障性安居工程。上半年，全省新增固定资产贷款 408.25 亿元，较上年同期多增 140.96 亿元，占各项贷款增量的 36.65%。一是基础设施领域信贷投入快速增长。上半年，新增基础设施行业贷款 284.69 亿元，占贷款增量的 25.56%。其中，交通运输业贷款增加 113.58 亿元；电力、热力、燃气及水生产和供应业贷款增加 90.42 亿元；水利、环境和公共设施管理业贷款增加 80.69 亿元。二是保障性安居工程推动房地产开发贷款增势明显。上半年，全省新增房地产开发贷款 138.11 亿元，增长 95.91%，较上年同期多增 84.62 亿元，占贷款增量的 12.40%。其中，保障性住房开发贷款增加 76.91 亿元；土地储备贷款增加 36.95 亿元。

（二）围绕"三农"发展，涉农贷款保持较快增长

上半年，全省新增涉农贷款 423.94 亿元，较上年同期多增 104.49 亿元，占各项贷款增量的 38.06%；增速为 26.97%，较上年同期提高 4.27 个百分点。一是加大了双联惠农贷款、"双业"贷款及农户小额信用贷款等特色支农贷款的发放力度，农户贷款保持快速增长态势。上半年，全省农户贷款增加 251.28

亿元，增长30.53%，较上年同期多增8.27亿元。二是大力支持农业科技推广和涉农小企业发展，重点扶持以规模化养殖为重点的牛羊大县建设项目，助推全省提高马铃薯、林果蔬菜、中药材、现代制种和酿造原料等特色农产品规模化、标准化水平和深加工能力，涉农企业及各类组织贷款增量突出。上半年，全省涉农企业及各类组织贷款增加170.24亿元，较上年同期多增100.95亿元。

（三）满足实体经济需求，企业经营性贷款增势平稳

上半年，全省金融机构新增企业经营性贷款223.77亿元，增长21.38%，较上年同期多增43.35亿元，占各项贷款增量的20.09%。一是保障有色冶金、钢铁等重点支柱企业的日常生产经营活动及去产能、去库存。二是支持以批发零售、住宿餐饮以及租赁和商务服务业为主的小微企业贷款需求。2014年以来，全省小微企业贷款需求一直较为旺盛，2014年二季度全省小微企业贷款需求指数仍高达84.02%，较一季度上升2.58个百分点。

（四）支持消费升级，个人消费性贷款稳步增长

上半年，全省金融机构合理增加了个人消费信贷投放，支持居民家庭首套自住购房、大宗耐用消费品以及教育、旅游等信贷需求。全省新增个人消费贷款123.33亿元，占贷款增量的11.07%。其中，住房贷款增加82.47亿元，较上年同期多增27.97亿元，占个人消费贷款增

量的66.87%；汽车贷款增加6.45亿元，占个人消费贷款增量的5.23%。

二、信贷投向结构特点

（一）信贷资金进一步向农业地区、贫困地区倾斜

上半年，全省金融机构紧紧围绕省委、省政府"365"现代农业发展计划和"1236"扶贫攻坚行动部署，继续深入推进金融扶贫工作，人民银行在全省开展"金融扶贫攻坚行动"引导，信贷资金进一步向涉农领域和贫困地区倾斜。6月末，全省金融机构涉农贷款余额3757.87亿元，占各项贷款余额的37.74%，占比较上年同期提高0.98个百分点。武威、张掖、临夏、定西等农业地区贷款快速增长，增速均保持在30%以上，其中武威市贷款增速达到48.69%。

（二）信贷产业结构呈现积极变化

近年来，全省金融机构认真落实国家产业结构调整政策，一方面，抓住国家加快推进西部地区基础设施建设和扶贫攻坚开发的发展机遇，不断加大对"3341"等重大项目建设及保障性安居工程的信贷支持力度；另一方面，积极增加文化、商贸流通等服务性行业及科技、生物、新能源等新兴行业的资金投入，信贷投向的产业结构发生根本性转变，第三产业贷款占比稳步提高。6月末，第三产业贷款余额占比为34.98%，较上年同期提高1.75个百分点，高于第二产业贷款占比0.48个百分点。

(三) 全国性大型银行信贷投放有所加快

全省金融机构认真落实国家一系列"稳增长"政策和"微刺激"措施，结合甘肃经济后发优势带来的旺盛信贷需求，以国家开发银行为代表的全国性大型银行二季度以来加快信贷投放进度，切实加大了对基础设施建设、扶贫开发、保障性安居工程的信贷支持力度，充分发挥了金融对经济"稳增长"的支撑作用。上半年，全国性大型银行新增贷款469.10亿元，较上年同期多增87.86亿元，占全部贷款增量的42%。2014年一季度、二季度分别增加208.23亿元和260.87亿元，二季度增量占比提升了4.15个百分点。

(四) 小微企业信贷支持力度进一步增强

全省金融机构认真贯彻落实国务院办公厅《关于金融支持小微企业发展的实施意见》等一系列政策措施，围绕创业、促就业，创新适合小微企业、非公企业需求特点的金融产品和信贷模式，满足小微企业短、频、急的资金需求。同时，人民银行兰州中心支行通过积极争取"支小"再贷款和全面落实"定向降准"等具体措施，有效释放地方法人金融机构流动性，切实增加支持小微企业发展的可用信贷资金约20亿元。6月末，全省小微企业贷款余额2034.63亿元，增长24.99%，增速高于大型企业贷款13.13个百分点，其中微型企业贷款增长42.25%。上半年新增小微企业贷款255.74亿元，较上年同期多增31.33亿元，占企业贷款增量的46.62%。

(五) 民生领域信贷需求得到保障

全省金融机构结合区域经济发展和小额信贷需求现状，积极推动金融产品和服务创新，民生领域贷款需求得到保障。上半年，农业银行累计发放"双联惠农"贷款38.05亿元，惠及10多万户农民，为甘肃贫困农民脱贫致富、发展生产、改善生活提供了资金支持；农村合作金融机构累计发放"双业"贷款69.03亿元，期末余额达到113.95亿元，有效保障了农户畜牧养殖、设施蔬菜等生产经营活动的资金需求；全省助学贷款和下岗失业人员贷款余额分别为33.03亿元和30.80亿元，上半年累计发放0.28亿元和8.21亿元；妇女小额担保贷款余额79.10亿元。

利率全面市场化后青海省银行业或面临四大冲击

中国人民银行西宁中心支行调查统计处

当前，我国利率市场化进程明显加快，全面利率市场化的时间表日益临近。本文在总结利率市场化的国际经验和分析近五年青海省银行业发展态势、动因基础上，对利率市场化后青海省银行业可能面临的冲击作出预估。

一、青海省银行业近五年发展态势

（一）经营规模实现快速跃升

近五年，在灵活高效的货币政策条件下，伴随着宏观经济持续稳定增长，青海省银行业经营规模快速发展，2013年青海省银行业总资产达5789.57亿元，是2009年的2.5倍，年复合增长率达26.2%。与此同时，存款、贷款规模也实现了跨越式发展，五年时间分别增长1.3倍和1.5倍。

（二）盈利能力取得显著提升

五年来，青海省银行业盈利能力同样快速增长，2013年银行业共实现净利润78.87亿元，是2009年的2.9倍，年复合增长率达30.5%；资产回报率（ROA）稳步提高，2013年较2009年提高0.15个百分点。

（三）风险管控得到明显加强

在经营规模、盈利能力快速增长的同时，青海银行业抗风险能力也在不断提高，风险管理水平得到明显改善。从数据看，2009~2013年，青海省银行业金融机构的不良贷款率由2.82%下降到1.25%；地方法人银行业金融机构拨备余额由6.79亿元提高至19.73亿元。

二、利率市场化后四大冲击需提早防范

（一）存贷利差收窄，盈利能力面临挑战

按照国际经验，存贷款利率全面市场化后，存贷款利率均会上升，但贷款利率上升幅度要小于存款，短期内银行

业存贷利差和净息差将收窄，直接会对银行盈利能力产生负向冲击。以西宁某农村商业银行为例，2013 年该行生息资产约 114 亿元，净利润约 1.75 亿元。以此作静态测算，若利差收窄 100 个基点，将降低息差收入 1.14 亿元左右；在其他条件不变的情况下，当利差收窄超过 153 个基点时，息差收入下降将全面覆盖净利润，该行即进入亏损区间。

（二）金融脱媒加速，资产负债两端承压

金融脱媒将从资产与负债两端"蚕食"银行主业。在资产端，根据国际经验，利率市场化将推动直接融资的成熟与完善，许多大型企业或将转向直接融资，造成银行潜在贷款客户流失。青海省银行业总资产中贷款占比较大（占比60.7%），且贷款客户多为国有大型客户，运用直接融资潜力较大，对贷款的分流势成必然；在负债端，利率市场化后，储蓄理财化、存款网络化将更为盛行，加之影子银行影响，存款分流成为必然。对青海省而言，金融创新滞后全国，自主理财产品仍为空白，各行多为代销其总行产品，所募集资金一般流向省外，存款流失预计更为明显。

（三）整体风险垒高，管控压力持续加大

利率市场化进程中，银行的风险偏好、风险形态、风险分布将发生深刻变化，银行总体风险将不断抬升。一是信用风险。在短期利差下滑压力下，银行为稳固利润，可能调高风险资产配比，贷款质量或沿五级分类向下迁移。数据

显示，2013 年青海省银行业不良贷款中可疑类和损失类占比分别比上年提高 2.3 个和 0.9 个百分点。二是流动性风险。当前，青海省银行业存在"短存长贷"的期限错配问题，利率敏感性缺口总体为负，这不利于应对利率市场化后的利率上升[①]。三是市场风险，根据国际经验，利率市场化除导致存贷款利率上升外，也引起利率波动性变大，这无疑将拉宽市场风险敞口。

（四）行业竞争加剧，业务同质亟待转变

利率全面市场化后，银行业竞争必然加剧。从青海省来看，当前各行仍高度依赖存贷业务，金融产品的特色性、差异性相对不足。2013 年，存款占总负债和贷款占总资产的比例分别为 73.6% 和60.7%，而体现差异化经营的中间业务则发展缓慢，手续费及佣金净收入占营业收入比例仅为 11.7%。在当前利率管制下，竞争受到抑制；待未来利率放开后，竞争旋即快速释放。

执笔：郎得青　李生海　尹三强

---

① 理论上，若利率敏感性缺口为负，利率上升，银行净利息收入将减少。

存款贴息市场运行情况调查

中国人民银行绍兴市中心支行调查统计科

存款贴息，是指存款人按照借款人或资金捐客（也称"黄牛"）的要求将一定数额资金存入指定银行后，取得的除存单到期后银行支付的固定利息之外的补贴费，这笔费用在银行存款手续办完后由借款人或"黄牛"直接给付。贴息市场是自发产生的，其中的贴息率相当于商业银行定价机制中的"影子价格"，人民银行绍兴市中心支行于2009年5月开始对市区存款贴息利率实施跟踪监测。

一、存款贴息市场运作特点

（一）"露天夜市""黄牛"众多

20世纪90年代初，拉存款手段是送电饭煲之类的小礼品，后来发展成直接贴息给钱，由此产生了一个全新职业——"资金黄牛"。"黄牛"起初主要是拉自己亲朋好友的钱，有的直接在各商业银行的门前"拉客"，后来一些"黄牛"经常集中在银行机构比较集中的地方——建设银行绍兴市分行门前的露天广场上交流存款的供求信息，结果这里就自然而然地形成了绍兴市区存款贴息交易的一个相对固定的"露天夜市"，现每天晚上都有数十人在此地碰头。

（二）从"地下"转到"地上"

早在2005年，金融监管部门联合当地公安部门对存款市场秩序进行整治。2010年9月，人民银行绍兴市中心支行与银监部门联合下发《关于开展存款市场整治活动的通知》。由于当时全省乃至全国没有同步开展此项整治活动，因此全国全省存款平稳增长而绍兴银行机构当时的存款却大幅少增，当地有的银行不得不开始压缩一些企业的贷款，引起了部分企业和当地政府的不满。2013年存贷款利率政策松动后，绍兴的"黄牛"贴息市场开始从"地下"转到了"地上"。

（三）与商业银行"市场定价机制"有关，形式多样

定期存款固定利率的基础上叠加了一个贴息率之后，存款的固定利率也就自然而然地转化为市场利率。这一转化涉及贷款市场定价机制问题。一是确定

"综合成本"。银行与借款客户谈判时需要确定一个综合成本（从放款银行角度看则属"综合回报"），综合成本=贷款利率+其他业务合作产生的费用。目前企业一般接受的综合成本在9%左右。二是明确合同利率和合作价格。在9%的综合成本制约下，如果一笔业务1年期贷款利率为基准上浮20%，则贷款合同利率为7.2%，剩余1.8%即为业务合作的价格。三是确定业务合作内容。如贷款1000万元，则按1.8%计算的其他费用为18万元。通常以直接拉存款或以全额质押项下的银行承兑汇票、国内信用证、人民币跨境证等进行合作。以直接拉存款为例，如果年贴现利率为5.55%，1年期存款固定利率3.3%（含上浮10%），则18万元的业务合作价格需要拉1年期存款800万元［18万元/(5.55%~3.3%)］。四是"黄牛"接单。为完成1年期合作存款800万元的目标任务，贷款客户以18万元的合作价格委托"黄牛"拉存款，"黄牛"接到业务单子以后，就马上通过存款贴息市场去组织资金，贷款客户承诺800万元存款到位后支付18万元费用给"黄牛"。五是"贴息"到位。本例中贷款客户给"黄牛"的贴息率是2.25%，如果交易日当地存款贴息市场的实际贴息率为2.1%，则"黄牛"支付给存款人的补贴费用额为16.8万元，一年后800万元存款到期时存款人再从银行取回本金和3.3%的固定利息，"黄牛"自己从事该笔贴息业务的回报额为1.2万元，回报率为0.15%，相当于贷款人全部贴息额的6.67%左右。

（四）加快了存款利率市场化进程，但也潜在风险

一是可能引发银行无序竞争甚至恶性竞争，存款频繁搬家，加大了银行机构特别是中小法人银行机构的流动性风险。二是可能影响信贷安全，不少银行为追求存款回报可能放宽贷款条件、降低信贷标准，给信贷资金安全带来隐患。三是可能会扭曲银企关系，有些企业为取得贷款不得不想办法帮银行弄到存款，存贷比例可能超过1:1，高的可能达1:2，变相提高了融资成本。四是影响社会安定，少数信贷人员利用职权"导演"存贷活动，从中谋取私利，有可能还涉嫌犯罪，因"黄牛"要求储户提前支取归还贴息，则容易引起纠纷和家庭矛盾。

二、存款贴息率在市场化利率链条中的作用

绍兴市的存款利率实际上已经市场化了，而且存款的贴息率在整个利率市场化过程中起着至关重要的传导作用（见图）。

由图中利率链条可见，存款贴息率是一个既受上游贴现利率、理财产品利率、Shibor利率、存款固定利率和中央银行货币政策等因素的影响，又受下游利率特别是银行贷款综合回报利率和银行存款需求等因素的制约。

（一）贴息率与存款市场利率的关系

1年期存款市场利率（估算）=1年期存款固定利率（含上浮10%）+存款贴息率（监测），存款贴息率越高则定期存

图 利率传导示意图

货币政策各种工具 → Shibor利率 → 贴现利率 理财利率 表外产品 → 贴息率 → 存款市场利率 → 贷款综合回报利率

款市场利率也就越高，存款贴息率越低则定期存款市场利率也就越低。

（二）贴息率与贷款市场利率的关系

实际贷款综合成本（估算）=名义贷款平均利率（统计）+业务合作价格。其中，业务合作价格是商业银行通过"黄牛"将高于存款固定利率的压力以存款贴息方式转嫁给贷款人的，贴息率在存款利率和贷款利率之间起到了一个传导作用。业务合作价格可按照贴息率的折算系数来估算。2009年5月，绍兴的实际贷款综合成本为最低（6.56%），之后呈不断上升态势，至2012年1月达到最高点（11.34%），之后出现回落，目前接近9%（2014年4月为8.78%，1~4月平均为8.90%）。

（三）存款贴息率与贴现利率的关系

存款贴息率=贴现利率−固定存款利率。存款贴息率与贴现利率成正比，贴现利率越高则存款贴息率也越高，反之则越低，两者之间相关系数为0.8810。银行机构贴现率数据通过中央银行利率监测系统统计得到，民间贴现率相对要低一些。从绍兴情况看，2009年5月前后当时曾一度出现"贴息率+民间的银行承兑汇票贴现利率<1年期银行存款固定利率（2.5%）"。这时贷款企业通过存款贴息运作就有微小的利差可图，结果全

市银行业金融机构银行承兑汇票、信用证和保函这三项表外信贷业务的保证金与存单质押余额出现"井喷"式高增长。全国经济启动后存款贴息率走高，进入"银行存款双倍利息"期，2010年10月这两个利率之和竟高达16.6%。之后贴息率与贴现率双双从高位回落，2014年4月贴息率与贴现率分别为2.20%和5.67%，两者之和达7.87%，仍在较高区间运行。

（四）存款贴息率与Shibor市场利率的关系

2009年5月至2014年4月，绍兴存款贴息率与Shibor市场中"6个月利率"和"3个月利率"的相关程度相对较高，其中与Shibor市场中"6个月利率"的相关系数为最高达0.7016。近两年6个月Shibor市场利率平均为存款贴息率的2倍左右。近期，贴息率与1年期存款固定利率叠加后形成的1年期定期存款市场利率渐渐向Shibor市场中"6个月利率"或"3个月利率"回归。其中，2014年4月存款贴息率（2.2%）+1年期定期存款利率（3.3%）=Shibor市场中"3个月利率"（5.5%），比Shibor市场中"6个月利率"略高0.5个百分点。

（五）存款贴息率与理财产品利率的关系

贴息率与1年期定期存款固定利率叠加后，所形成的1年期定期存款市场利率近期开始向理财产品利率回归。2013年11月之前，1年期定期存款市场

利率明显高于理财产品利率，其中 2011 年 9 月要高出 3.04 个百分点。之后，1 年期定期存款市场利率开始向理财产品利率回归，其中 2014 年 4 月 1 年期定期存款市场利率为 5.5%，只比同期 3~6 个月理财产品利率高出 0.24 个百分点。

（六）存款贴息率与电商"余额宝"市场的关系

2013 年 6 月余额宝横空出世，之后众多的电商陆续推出了同性质的"宝类"产品，结果倒逼工商银行、中国银行、兴业银行、中信银行、民生银行等商业银行推出了薪金宝、活期宝、掌柜钱包和添益宝等"宝类"产品，且这些活期性质产品 4 月末的 7 日年化收益率（在 5% 以上）均高于同期余额宝利益率（5.04%），非常接近同期 1 年定期贴息后的存款市场利率（5.5%）。可见，在互联网金融产品的冲击之下，贴息率在利率链条中的传导作用在减弱，出现了银行活期存款、定期存款的利率趋同的情况，且这些存款产品的利率均略高于 Shibor 市场 6 个月月平均利率。这一走势为存款上限管制完全放开后商业银行的存款定价创造了有利条件，到时候商业银行可以在综合回报和风险可控的前提下，以 Shibor 利率为基础，通过"加点"来确定存款价格。

三、对策建议

从贷款企业角度看，面临着综合成本（平均贷款利率+贴息率）居高不下（仍维持在 9% 左右的高位）的困难，压力偏大。从银行机构角度看，出于考核等压力将存款利率上升压力转嫁出去了，存贷净利差也大于 3.0%，但仍面临着利润总额大幅下降的困难。在存款利率市场化的初期只有存款人获益最多，不利于实体经济的健康发展。为了稳步推进利率市场化改革，优化利率对资金资源的合理配置，促使实体经济稳健发展，建议：一是研究并促成利率市场化压力由商业银行、财政、企业各方共同承担的机制；二是严禁银行机构员工从事资金捐客（"黄牛"）业务；三是加强对存款贴息中介市场的管理，探索让"黄牛"的地下存款贴息市场浮出水面的阳光化路径；四是加强对各类影子银行业务的监管；五是抓紧出台存款保险制度和金融市场退出机制。

执笔：陈　隆

贷款"去房地产化"趋势明显

中国人民银行日照市中心支行调查统计科

为了解日照市房地产市场及房地产金融运行情况，我们对全辖银行机构和25家房地产企业进行了调查。调查显示，2014年以来，日照市房地产市场总体下行，银行对房地产贷款发放普遍采取谨慎态度，房地产企业资金运营压力增大。

一、房地产市场总体下行

（一）房价开始下跌

中国指数研究院的数字显示，2014年5月，日照房价结束了前四个月的连续上扬态势。5月新建住宅样本均价为6559元/平方米，下跌幅度为2.37%；6月住宅样本均价为6471元/平方米，环比下跌1.34%，连续第二个月下跌。

（二）商品房新开工面积同比下降，销售量增长

1~6月，日照市房地产开发投资34.67亿元，同比增长7.5%，增速比一季度提高2.5个百分点，其中商品住宅投资增长17.9%。房屋新开工面积87.12万平方米，同比下降0.1%，其中住宅新开工面积61.47万平方米，下降6.1%。商品房销售面积67.32万平方米，同比增长9.3%；商品房销售额34.28亿元，同比增长12.2%；商品房待售面积54.94万平方米，同比增长33.7%。

（三）部分企业以价换量动作明显

如通过打折促销、赠精装、首付分期等多种方式加大优惠力度，这些以价换量的措施有利于促进市场成交，但一定程度上促使房价下降。老城区原本均价6500元/平方米的某项目，开始喊出现房一口价5500元/平方米；石臼附近原本均价6000元/平方米以上的某项目，喊出起价5000元/平方米；城北原本均价6500元/平方米的某项目，喊出特价房5888元/平方米。

二、银行房地产信贷政策收紧，贷款"去房地产化"步伐加快

（一）银行开发贷款介入更加谨慎

2014年6月末，日照市房地产开发贷款余额28.74亿元，较年初增加4.31

亿元，从每月新增来看，4~6月分别为1.50亿元、0.84亿元、0.06亿元，呈明显下降趋势，6月环比下降92.86%。

一是加强房地产贷款投向管理和融资规模管理。总量上进行刚性控制，房地产行业贷款审批条件趋紧，多数银行对房地产由"适度增长类"调整为"维持份额类"。如浦发银行房地产行业政策由"适度支持"转为"维持"，实行名单制准入与总量控制，要求对公房地产贷款（不含保障性住房）不得超过全行对公贷款的11.5%；房地产项目类贷款与对公房地产贷款（均不含保障性住房）合计不得超过全行对公贷款与场外自营项目类投资资产业务之和的15%。

二是对房地产开发商资质要求更为严格，同时，提高对项目信用评级水平要求。部分银行总行统一对房地产开发企业的资质及项目的信用评级提高要求。如工商银行总行房地产信贷政策较上年水平有所收紧，主要表现在对准入房地产企业开发资质由三级提高到二级，近三年开发量10万平方米以上，销售总额5亿元以上。建设银行总行要求住宅项目主要支持信用评级10级（专业贷款评级7级）及以上客户；出售型商业地产开发项目主要支持信用评级8级（专业贷款评级5级）及以上客户。85%的被调查房地产企业反映在银行申请开发贷款难度加大。

（二）部分银行受理个贷业务积极性下降

截至2014年6月末，日照市金融机构个人住房余额186.30亿元，较年初增加16亿元，从每月新增来看，4~6月分别为2.33亿元、2.41亿元、1.80亿元，其中，6月环比下降25.31%。

一是首套房贷款利率有所上升。自2013年下半年起，各银行逐步提高首套住房贷款利率，目前已全面提高至基准利率，甚至上浮一定比例。如日照工商银行对贷款购买首套住房的家庭，贷款利率不低于基准利率1.03倍；对贷款购买第二套住房的家庭，贷款利率不低于基准利率的1.1倍。

二是部分银行存在"挑客户"现象。部分银行因规模偏紧或业务受理积极性下降，对客户进行差别化对待，优先向优质企事业单位人员发放贷款，其他客户则以月供收入比不符合规定、征信报告有延迟还款记录等理由拒绝业务申请，或要求其排队等待。如上半年，日照银行为华能日照电厂办理团购贷款（住房商业贷款+公积金贷款）3000多万元。

（三）房地产贷款余额占全市金融体系贷款余额的比重近年呈下降趋势

日照市房地产贷款余额由1998年的6.68亿元增加为2013年末的199.69亿元，增加了29.89倍，2014年6月末，该余额为221.56亿元。另外，房地产贷款余额占全市金融体系贷款余额的比重由2002年末的4.03%上升为2007年末的19.07%。进入2008年，在稳健货币政策下，各金融机构普遍压缩信贷规模，房地产贷款增幅有所下降。2013年末，日照市房地产贷款余额占金融体系全部贷款的比重下降为13.41%；2014年6月末，该比重下降为12.24%。

三、应关注的问题

（一）购房者观望气氛浓厚

据对 800 户居民调查，56.98% 的人选择一年以后再出手买房，24.58% 的人将在一年之内买房，仅 8.94% 的人会在半年之内买房。可见，日照楼市的观望现状还将继续持续一段时间。一方面，80% 以上的购房者认为目前日照房价过高，房价高已成为阻碍买房的主要因素，另一方面，45% 以上的购房者看跌下半年日照房价，一场买卖双方的拉锯战将不可避免。

（二）房地产信贷政策收紧加剧房地产企业资金运营压力

由于销售持续不畅、信贷政策收紧，房地产企业资金运营压力加大。在此形势下，一是 75% 的被调查房地产企业降价销售以回笼资金。H 公司在日照市开发的二期项目开盘近 1 万元/平方米，三期则降为 7000 元/平方米。二是 9.5% 的被调查企业延迟交房或停止在建项目。S 公司开发的西班牙公馆因各银行压贷停工，已延迟 2 年交房。三是 33% 的被调查企业通过贸易、开办小额贷款公司或民间借贷等渠道筹集资金，潜存较大风险。例如，Y 公司为满足企业资金周转，在银行不能给予流动资金贷款的情况下，分别在 2013 年 3 月和 8 月从其他企业借入 60 万元和 70 万元，而在 2012 年，企业也曾经借出自有资金 80 万元。

四、对策建议

（一）加快建立房地产调控长效机制

中央银行应充分关注资产价格，实施差别化信贷政策，有效防范房贷风险，引导居民逐步形成理性的消费预期和合理的消费模式。同时，在完善住房用地供应体系、房地产税收制度、金融制度、住房保障体系等方面建立长效机制。引导商业银行对符合条件的开发企业进行必要的信贷支持，防止其资金链断裂。

（二）构建完善的房地产市场预警监测体系

建立健全由人民银行、统计局、房管局等部门组成的房地产市场预警监测联席会议制度，通过对房地产市场的实时监测及对其发展趋势的评判，进行适时合理的调控。

执笔：夏德东

货币市场基准利率选择的国际经验及启示

中国人民银行广州分行调查统计处
中国人民银行中山市中心支行调查统计科

自 2012 年以来，中央银行两次下调金融机构人民币存贷款基准利率及其浮动区间，我国利率市场化的步伐有所加快，但货币市场中基准利率的选择问题仍未解决。人民银行中山市中心支行对美国、英国、日本等主要发达国家货币市场基准利率选择的经验进行了归纳整理，并分析总结了其对我国的借鉴意义。

一、货币市场基准利率选择的国际经验

（一）美国货币市场基准利率的选择

1. 基准利率：联邦基金利率。美国的基准利率为联邦基金利率（美国银行间同业拆借利率），美联储并不直接来制定该利率的水平，而是通过公开市场操作来使该利率在一个狭窄的目标区间内波动。在月度的联储公开市场委员会（FOCM）上，会议将选择并公开一个联邦基金利率目标，市场主体根据此目标利率为参考，来确立其他的市场利率。

2. 市场基准利率选择的原因。美国之所以选择联邦基金利率作为其市场基准利率，一方面是美联储将其作为货币政策的中介目标，是中央银行运用货币政策工具对宏观经济进行调控的重要手段；另一方面是该利率由市场资金的供求关系决定，具有较高的市场性，是美国货币市场上的主导利率。

3. 市场基准利率运行的特点。一是同业拆借市场的参与者包括商业银行及其他具有存款性质的金融机构，这些机构数量众多，为利率决定奠定了基础；二是同业拆借业务具有大额的交易量，在市场交易占比上具有优势；三是虽然就实际业务量来看，同业拆借的期限主要集中于隔夜，但是同业拆借利率的期限结构仍然较为完整，包括一周至数月不等；四是联邦基金利率能够直接影响商业银行的融资成本，改变金融产品定价，进而对其他利率及经济变量产生影响。

（二）英国货币市场基准利率的选择

1. 基准利率：伦敦银行同业拆借利率。英国的市场基准利率是伦敦银行同业拆借利率（Libor）。它是由英国银行家协会（British Bankers' Association, BBA）负责计算和对外发布的。Libor利率是伦敦银行同业间进行资金拆放的利率，也是目前国际间最重要和最常用的市场利率基准，它通常作为银行从市场上筹集资金进行转贷的融资成本参考。

2. 市场基准利率选择的原因。Libor不仅是衡量货币市场资金供需紧张程度的"晴雨表"，还是反映市场对未来中央银行利率预期的计量器。一方面，Libor虽然扎根于英国伦敦，但它同样是全球范围内短期利率的主要基准；另一方面，Libor被广泛应用于利率贷款互换、外汇期权期货、结构性债券以及其他固定收益产品合约当中，成为全球金融市场上最重要的利率之一；此外，Libor也是英国、瑞士等国家中央银行传达其货币政策意图的工具。

3. 市场基准利率运行的特点。一是Libor的报价组成员都是经过筛选的商业银行等金融机构，确保了Libor能够保持较高的市场化程度和较低的风险水平；二是Libor利率体系从最初的3种货币发展到现在的10种货币、15种期限，每日发布150个利率数据，为各类市场参与者提供了参考标准；三是Libor能够直接影响商业银行的融资成本，改变金融产品定价，再加上Libor在贷款、衍生品等市场中已经得到广泛应用，因而Libor的变化会对其他利率及经济变量产生较大

的影响；四是中央银行能够通过回购交易等公开市场操作投放或者收回市场资金的流动性，进而引导Libor的变动。

（三）日本货币市场基准利率的选择

1. 基准利率：东京银行间无担保隔夜拆放利率。日本货币市场的基准利率是东京银行间无担保隔夜拆放利率（Libor）。与联邦基金利率相似，它也是日本中央银行实施货币政策所采用的操作目标之一。在计算方法方面，Libor数值等于日本货币经济协会所属各短资公司[1]自身交易量加权平均值的中位数。日本中央银行在公布利率决议时，一般会同时公布无担保隔夜拆借利率的目标水平。

2. 市场基准利率选择的原因。日本的市场基准利率的选择，一方面与其利率市场化的发展进程有着非常紧密的关系。自1978年银行间拆借利率弹性化及票据买卖利率的市场化拉开了日本利率市场化的序幕，到1994年实现全部的利率市场化，以国债交易和发行利率自由化为突破口，而最终以银行间市场利率为基准利率。另一方面，随着日本的无抵押短期拆借市场规模的扩大，逐渐超过了有抵押的短期拆借市场，其重要性也日益加强，逐渐确立了基准利率的地位。

3. 市场基准利率运行的特点。一是与Libor类似，Libor报价团的成员也有16个，报价期限从7天至1年共有13个；二是中央银行通过银行间无担保隔夜拆借利率来对Libor利率进行影响，进

---

[1]　所谓短资公司（Tanshi Company）是指在日本货币市场中特有的一类金融机构，它们既是交易商又是经纪商。

而达到货币政策的最终目标；三是受日本政府零利率政策的影响，日本无抵押银行间隔夜拆借利率一直在零附近徘徊。

二、对我国的启示

一是货币市场的基准利率大多为银行间拆借利率。这是因为，一方面，信用拆借属于无担保交易，拆借利率单纯地反映了资金的使用价格，避免了由于担保物的多样化给市场利率定价带来过多的不确定性；另一方面，同业拆借市场交易量大，流动性好，因此代表性也较强。

二是基准利率多是报价利率。从价格形成角度来看，报价体现的是大致判断，而成交却包含许多不确定的具体因素。作为基准利率，必须抛弃不确定性。此外，基准利率多在上午发布，有利于当日市场的各种信息被消化，报价商此时报出的价格比较可靠，同时也便于交易商实时融资、及时管理风险、精确复制和对冲、提高后台结算效率。

三是银行间同业基准利率的发布一般由某个经济体的货币当局同业协会发起，并有专门的指导委员会或市场顾问委员会进行监督、指导和管理。基准利率的基础性要求他的发布机构具有很高的权威性，期限的确定、报价银行的选择以及计算规则的制定必须保证透明公开、客观真实。

四是基准利率通常作为货币当局的货币政策操作目标。各国中央银行大多选择基准利率中的隔夜拆借交易利率作为货币政策的操作目标。这是由于隔夜拆借交易期限最短，风险最小，因此报价利率与实际交易利率基本一致。同时，由于隔夜拆借的资金需求者主要用于弥补头寸不足，这与金融机构的备付金以及整个金融市场流动性的关系最为密切，其利率水平也是最低的利率，所以中央银行通常选择隔夜拆借交易利率作为调控商业银行系统流动性的操作目标。

执笔：李雪梅

欧美金融衍生品监管改革进展

中国人民银行南宁中心支行调查统计处
中国人民银行梧州市中心支行调查统计科

近年来，欧美地区对金融衍生品加强了监管，在规范市场方面取得了重要突破，对于金融衍生品市场处于起步阶段的中国具有一定的借鉴意义。

欧美金融衍生品市场监管改革进展

（一）重塑金融衍生品市场监管制度

美国于 2010 年 7 月公布《多德—弗兰克华尔街改革与消费者保护法案》（以下简称《法案》），搭建起金融衍生品市场监管改革框架。一是将场外衍生品纳入监管。要求将标准化场外金融衍生品交易引入接受监管的交易所或透明化电子交易平台，并通过中央对手方[①]（CCP）进行集中清算。对于非集中清算的合约提高掉期保证金和风险敞口要求，并制定"担保品分离"条款[②]。二是明确监管职能，增强透明度。授权证券交易委员会（SEC）和美国商品期货监管委员会（CFTC）联合监管美国场外衍生品市场，并对颁布的监管要求制定相关细则并予以落实。对从事衍生品交易的金融机构要求实施强制性报告制度和建立交易数据库。三是限制银行自营交易及高风险衍生品交易。2013 年 12 月，《法案》第 619 条的沃尔克法则最终通过。该法则禁止银行实体利用自身账户从事与证券交易、商品期货等相关的自营交易；禁止银行实体拥有并发起对冲基金与私募基金；要求银行实体建立内部合规程序，并向监管机构报告重大交易活动量化指标情况。

欧盟委员会于 2011 年 10 月发布《金融工具市场指令 II》（MIFIDII），将

[①] 中央对手方：在清算过程中，作为原交易双方的交易法定对手方身份介入交易清算，保证原交易双方交收顺利完成并提供集中的对手方信用风险和违约风险管理服务的主体。

[②] 担保分离条款：非集中清算掉期交易的担保品资产存储在由独立第三方存管人管理的分离账户中。

监管范围扩大到金融衍生品领域。一是加强对算法交易①及高频交易②的监管。包括加强对各种算法交易者策略方面的信息监管;严查交易平台会员允许其他公司通过其系统运用高频算法接入公开市场的情况;规定交易平台在价格剧烈波动时可以适当暂停交易等。二是提高市场透明度。透明性制度的范围扩大至债券、结构性金融产品及其衍生品等非股票市场;同时,为防止潜在利益冲突,独立顾问和投资组合经理将被禁止收取第三方支付或其他货币收益。2012年7月,欧盟议会及理事会正式通过《欧洲市场基础设施监管规则》(EMIR),EMIR 要求部分场外衍生品强制中央清算;将标准化交易纳入场内;向交易数据库报送数据。为防范违约风险,EMIR 推出新客户资金制度,要求交易客户的保证金存放在中央对手方的交易账户中,不允许资金库中客户资金出现任何短缺,一旦发生违约,保证金将直接返还或偿还给客户。

(二)加强金融衍生品市场基础设施建设

一是推行场外中央对手方(CCP)清算机制。危机后,在新的监管改革推动下,新型场外 CCP 清算模型不断推出。以利率互换 CCP 的法定模型为例③,基于美国市场的模型是代理商模型(Theagentmodel),该模型中,合约更替(Novation)完成后,实际的交易直接在最终用户和 CCP 之间进行,并不涉及清算会员,清算会员只是充当转移保证金

图1 代理商模型

图2 委托商模型

---

① 算法交易:运用复杂算法分析市场状况以确定最佳的交易路径、交易时机、交易价格和数量,进而执行交易决策的计算机交易程序。

② 高频交易:利用大型计算机高速处理市场上人工手段无法获取的微小市场变化,以赚取波动差收益的计算机化交易。

③ 利率互换 CCP 法定模型:来源于 OECD(2011)工作文件《场外交易衍生品监管改革及对主权债务管理实践的意义》。

的中介代理。

欧洲广泛采用的模型是委托商模型（Theprincipal Model），在该模型中，合约更替完成后，最终用户和CCP不直接进行交易，而是通过清算会员作为委托商进行间接交易，清算会员直接从最终用户处取得保证金并将其存放在其与CCP相关的保管账户上。

二是推出场外交易平台。美国CFTC于2013年5月制定掉期合约执行设施（SEF）法规。法规规定SEF平台必须向所有合格合约参与者及软件独立供应商提供公平连入模式，且SEF允许采用报价收集和执行的混合模式，匿名报价请求最初为2个，2014年后将增至3个。2013年10月该法规正式生效，已有18家SEF平台登记注册。欧洲根据MI-FIDII流动性要求，创建组织化交易平台（OTF）处理所有标准化衍生品双边合约交易。OTF能自行决定交易如何执行，但交易必须由多方参与，且交易员不能在其安排的交易中持有头寸。此外，OTF运营公司需遵循投资者保护、交易头寸报告要求、业务规则和最佳执行要求等原则，并禁止OTF运营公司以自有资本执行该平台上的客户指令。

（三）欧美加强监管合作

2013年7月，欧盟委员会与美国CFTC发布联合声明，宣布双方就掉期交易等金融衍生品的监管规则"相通性"达成一致。根据协定条款，双方在协议中认同了两地区监管规则的相似性。CFTC将允许欧盟清算机构在2013年末前免于遵循美国新规，并同意推迟实施"美资银行的海外交易必须遵循美国掉期产品监管规则的要求"的法律条款。欧盟则要求在欧盟经营业务的美资银行遵守欧盟当地部分监管规则，允许美国银行在2014年3月前都能使用欧盟衍生品交易平台。

对当前四川省企业融资困境的调查

中国人民银行成都分行调查统计处

2014 年二季度，社会各界尤其是各级政府和企业对改善企业融资难、融资贵、融资慢的困境呼声很高，其中企业融资贵已经成为社会经济运行的焦点问题。为深入了解当前企业融资的真实情况，人民银行成都分行对四川省 21 个市州 243 户企业，以及 10 家主要省级金融机构开展了问卷调查，并与部分企业进行了座谈。

一、调查样本概况

本次企业问卷调查样本分布较为均衡且接近总体分布。从行业分布看，农业企业 24 家（占 9.9%）、工业企业 145 家（占 59.7%，其中制造业企业占 86.2%）、服务业企业 74 家（占 30.5%）；从企业规模看，大型企业 18 家（占 7.4%）、中型企业 88 家（占 36.2%）、小型企业 118 家（占 48.6%）、微型企业 19 家（占 7.8%）。同时，参与本次调查的金融机构涉及省内主要的政策性银行、国有大型商业银行、全国性股份制商业银

行和地方法人机构。总体来看，调查样本分布比较符合本次调查目的和相关要求。

二、四川省企业融资的基本情况

（一）银行贷款是企业最为普遍采用的外源融资方式，近年来在银行资金"紧平衡"背景下，企业融资渠道快速拓展

一是银行贷款依然是企业最为普遍采用的外源融资方式。调查显示，选择"银行贷款"的企业数量为 217 家，占全部样本的 89.3%，远远高于其他外部资金来源渠道占比。同时，成都分行多次对四川省固定资产投资资金来源进行调查，结果显示，考虑自筹资金和其他资金来源中的贷款因素，全部银行贷款在固定资产投资资金来源中的比例大体为 30%~40%。二是近年来企业融资渠道快速拓展。本次调查选择内部集资、股权融资、民间借贷的企业数量占比依次为 9.9%、7.4% 和 7.0%；还有 21.8% 的被调查企业涉及亲朋好友借款、委托贷款、小额贷

款公司贷款、信托贷款、租赁融资或银行间市场融资等其他融资渠道。

（二）企业对银行贷款需求十分旺盛，但多数企业仅能"部分满足"，中小微企业满足程度明显低于大型企业

一是企业信贷需求十分旺盛。调查显示，96.7%的被调查企业中有融资需求；另据成都分行银行家问卷调查显示，2014年二季度，四川省企业信贷需求景气指数为73.4%，是自2004年一季度开始此项调查以来的最低水平，但依然远远高于50%的荣枯线，表明全省企业信贷需求长期处于旺盛状态。二是银行贷款难以有效满足企业需求。在有融资需求的企业中，98.3%的企业向银行提出过贷款申请，但是认为银行贷款需求得到完全满足的企业占比仅为34.2%，56.0%的企业认为银行贷款需求仅能得到"部分满足"，5.3%的企业则完全没有申请到银行贷款。三是中小微企业信贷满足程度明显低于大型企业。从企业规模看，50%的大型企业贷款需求能够得到完全满足，高出中小微企业16.7个百分点，而未申请到银行贷款的13家企业均为中小微企业。

（三）企业融资成本总体处于较高水平，其中银行贷款利率处于较高水平，各种费用和隐性成本较多

一是企业融资成本总体处于较高水平。调查显示，当前除通过银行间市场和委托贷款途径获取资金成本相对较低以外，其他各种渠道融资成本均在10%以上。其中，18.9%的被调查企业涉及通过小额贷款公司或民间融资渠道获取资金，融资成本则普遍在20%以上，明显高于其他渠道融资成本。二是作为主要融资渠道的银行贷款成本偏高。被调查企业贷款利率在8%以上的企业超过五成，同时，银行往往还要向企业收取财务顾问费等各种费用，以及通过存款回报、购买理财产品等附加条件向企业转嫁部分成本，合计通常约提高银行贷款利率2个百分点。三是各种中介费用较多。调查发现，主要包括抵押登记费、担保费、公证费、财务报告审计费、保险费、资产评估费、律师费、环保评估费等10余种，合计约提高企业融资成本3~5个百分点。

（四）企业通过银行渠道贷款周期偏长，近一半企业贷款周期超过1个月，其中工业企业、中小微企业贷款周期相对较长

一是企业通过银行渠道贷款周期偏长。由于银行发放贷款通常要经过一系列的申贷和审批程序，企业往往难以及时从银行贷到款。调查显示，只有24.6%的企业能够在15天之内获得贷款，28.8%的企业大约在15~30天获得贷款，23.3%的企业贷款周期在1~2个月，11.4%的企业贷款周期在2~3个月，11.9%的企业贷款周期超过3个月。二是企业办贷周期因行业和企业规模存在差异。29.0%的工业企业贷款周期超过两个月，分别高出农业、服务业16.5个和15.5个百分点；23.5%的中小微企业贷款周期超过两个月，高出大型企业12.4个百分点。

三、影响企业融资的主要因素

(一) 缺乏抵押和担保、银行信贷资金供给有限、贷款利率高、贷款手续复杂是导致企业"融资难"的主要因素

银行贷款作为企业融资的主渠道，企业融资难突出表现为银行贷款难。一是从企业问卷调查看，在企业贷款难的影响因素中，"无有效资产抵押"、"银行信贷资金供给有限"、"缺乏担保"、"贷款利率高"、"贷款手续复杂"的重要程度是导致企业贷款难的主要因素。其中，企业尤其是小微企业普遍反映，"无有效资产抵押"，以及资产抵押率低是导致企业贷款满足率低的关键因素。二是从金融机构的问卷调查看，金融机构内部严格的风险考核机制进一步加剧部分行业企业融资难。例如，某大型商业银行行业发展度考核的基本要求是产能过剩行业年末贷款占比较年初不增加，部分指定行业授信规模严格控制在管控区间范围内，特定敏感行业（批发、纺织与服装、造纸等）经营期末贷款余款（授信余额）占比较年初不增加。

(二) 从宏观、微观层面看，诸多因素共同推动形成了企业"融资贵"局面

一是从宏观层面看，资金供求结构性失衡是企业融资贵的根源。在资金供求偏紧的背景下，政府融资平台、国有企业、房地产、部分产能过剩行业企业，以及资金周转困难企业因需求"大"或"急"，往往对资金价格不敏感，形成一定的"价格高地"，同时又吸引大量资金，对制造业等其他领域产生挤出效应，加剧资金供需的结构性失衡。加上比价效应，又带动其他领域融资成本上升。同时，市场竞争使银行创新推出的"高收益产品"吸收资金成本往往较高，而刚性兑付让这些创新产品等同于"无风险产品"，投资者收益预期较高，资金价格居高不下。此外，金融管理和市场困境，如稳健货币政策与经济下行压力叠加、利率市场化改革、企业贷款先还后贷制度等也在一定程度上推升企业融资成本。二是从微观层面看，由于中小企业抗风险能力弱、缺乏有效抵押和担保等因素，加之债务率处于较高水平，金融机构按照"收益覆盖风险"原则，对其贷款利率往往采取向上浮动。同时，在银行组织资金成本上升和内部 FTP 模式导致利润收窄等因素的影响下，各银行普遍选择通过提高资金价格来达到内部利润考核要求。此外，贷款中间环节多、费用高也是重要原因。

四、主要结论

(一) 企业融资现状已经对企业产生显著影响，企业融资成本较快上升，而生产积极性和盈利能力出现下降

当前企业经营困难状况，除与宏观经济进入调整期相关以外，企业融资过程中存在的难、贵、慢也是重要影响因素。调查显示，认为当前融资成本已经"无法承受"的企业占比为20.6%，认为"对企业经营影响显著"的企业占比为46.9%。主要表现在：一是企业融资成本

大幅上升。2014 年 1~5 月，四川省工业企业财务费用增长 21.2%，其中利息支出增长 17.1%，分别高于上年同期 15.9 个和 11.1 个百分点。二是工业投资持续回落。工业投资自上年 7 月回落至个位数增长以来，2014 年增速继续放缓，上半年工业投资同比增长 2.3%，增速比全社会投资低 10.7 个百分点。三是工业效益明显下滑。2014 年 1~5 月，全省规模以上工业企业亏损面扩大到 11.9%，亏损企业亏损额增长 15.7%，规模以上工业企业利润总额仅增长 3.4%，41 个工业行业大类中有 20 个行业利润出现下降。

（二）在各界共同努力下，企业融资现状将会有所改善，但短期内不会根本改变

在一系列金融支持小微企业发展、建立完善企业融资体系，以及规范各项融资中介费用等政策贯彻落实下，企业融资现状将会出现不同程度的改善。但我们认为，短期内企业融资现状可能不会根本改变。主要理由：一是部分主体财务软约束和刚性需求不会改变。主要集中在地方融资平台、国有企业、房地产公司，以及部分僵尸企业上，以上主体不同程度存在财务软约束和资金刚性需求，从而占用了较多信贷资源，加剧了社会流动性紧张。二是金融创新推动。金融创新尤其是互联网金融和影子银行的发展，在一定程度上推高了金融机构负债成本和杠杆率，银行资金"紧平衡"将成常态。三是企业杠杆率高企将抬高

风险溢价水平。根据 OECD 数据，2012 年，我国企业部门的杠杆率高达 110.8%，远高于德国的 48.5% 和美国的 78.3%，2013 年，我国企业部门杠杆率进一步上升至 113.4%。此外，从历史经验看，欧美等国在利率市场化启动时，贷款和生息资产收益率总体有个走高的过程，最终使企业产生融资利率上升压力。

（三）缓解企业融资现状是一项系统工程，需要货币信贷政策、金融监管政策、财政税收政策等多策并举

一是货币信贷政策方面，要继续坚持稳健的货币政策，保持信贷总量合理增长，调整优化信贷结构，有序推进利率市场化改革，充分发挥人民银行利率、存款准备金、再贷款、再贴现等工具作用。二是金融监管政策方面，要加快推动具备条件的民间资本依法发起设立中小型银行等金融机构，适当提高对金融机构符合政策导向贷款的不良贷款考核容忍度，引导商业银行完善考核评价指标体系和贷款管理流程，缩短企业融资链条，清理整顿不合理收费。三是财政税收政策方面，要对中小企业的技改投资、研发创新支出、引进科技人才支出等给予更多的减税优惠支持，引导财政资金投向更具带动性和撬动作用的领域，适当降低行政部门和中介机构收取的各种费用标准。

执笔：文　青

对当前企业融资难、融资贵问题的分析与思考

中国人民银行杭州中心支行调查统计处
中国人民银行衢州市中心支行调查统计科

2014 年以来，浙江省企业反映融资难、融资贵的现象明显增加，降低融资成本呼声日益强烈。针对这一现象，人民银行杭州中心支行本着客观严谨的态度，全面梳理了和本省企业融资相关的历史调查数据和统计数据，同时在全省范围内随机选择 1129 家企业开展企业融资难、融资贵的调查。根据历史数据的对比分析和此次企业融资难、融资贵调查结果，我们认为当前企业融资难、融资贵是一种结构性现象，且有其一定的客观性。要解决结构性融资难、融资贵问题，应着重从规范商业银行收费、加强金融创新、加快发展小型、民营金融机构、改善企业经营环境等以及降低贷款基准利率等多方面入手。

一、企业融资难问题

（一）企业总体融资难度有所上升，两极分化现象日趋突出

2014 年以来，企业总体融资难度有所上升。银行家问卷调查显示，二季度银行审批条件指数为 46.2，仍处于 50 的松紧分界线下，其中，制造业贷款审批条件指数为 44.6，同比下降 6.2 个百分点，创近两年新低。1129 家企业调查结果也显示，反映"2014 年上半年融资难度比上年同期上升"的企业有 339 家，占比高达 30%，反映"2014 年上半年融资难度与上年同期持平"的企业占比为 63.5%，两项合计达到 93.5%。

但调查中，我们也发现部分领域和部分优质企业的融资难度反而有所下降，企业融资两极分化现象日趋突出。银行家问卷调查显示，二季度，水利环境公

表　2014 年 6 月某国有银行浙江省分行生产流通企业抽样分析（3517 户）

指标大类	指标小类	本期	上年同期	同比增幅（%）
产销状况	销售收入（亿元）	4549.0	4256.7	6.9
	销售收入同比下降户数（户）	1292	—	比重 36.7
	收入下降客户平均降幅（%）	18.2	—	—
	应收账款（亿元）	1262.6	1065.7	18.5
	存货（亿元）	1368.4	1232.4	11.0
盈利状况	净利润（亿元）	201.2	207.9	−3.2
	亏损企业数（户）	114	141	−19.1
	亏损企业亏损总额（亿元）	12.5	8.9	40.4
	销售净利润率（%）	4.4	4.9	−0.5
	净资产收益率（%）	5.3	6.1	−0.8
资金占用状况	总资产周转率（次）	1.2	1.3	低于平均值 0.1 个点
	应收账款周转率（次）	7.2	8.0	低于平均值 3.4 个点
	存货周转率（次）	5.7	5.9	低于平均值 1.2 个点

共设施、电气水生产及供应行业的审批条件指数分别为 54 和 52.5，不仅继续保持在松紧分界线之上，且环比上季度分别上升 1.8 个和 0.7 个点。一些产品适销对路、还贷有保障的优质企业，特别是一些大型优质企业，商业银行往往主动上门营销，贷款利率也较为优惠，低于贷款基准利率不在少数。因此，确切地说，当前企业融资难是一种结构性现象。

（二）自身还款来源减少和区域风险上升共同抬升企业融资难度

调查分析发现，在当前经济增长放缓形势下，造成当前企业融资难的主要原因还是在于企业自身还款来源减少。

一是企业现金流减少，第一还款来源下降。当前企业营收状况仍未得到明显改观，利润增长趋缓，与此同时销售回笼趋缓，两项资金占用上升，致使企业现金流减少，第一还款来源下降。某

国有银行浙江省分行对该行 3517 家生产流通企业客户抽样调查分析发现，从盈利情况看，企业销售收入同比增长 6.9%，但有 36.7% 的企业出现同比下降，平均降幅 18.2%，销售净利润率 4.4%、净资产收益率 5.3%，同比分别下滑 0.5 个和 0.8 个百分点，净利润不升反降 3.2%。从资金占用看，存货、应收账款同比分别增长 18.5% 和 11%，分别高于销售收入增幅 11.6 个和 4.1 个百分点。从行业对比看，企业资产负债率高于行业平均值，流动比率、总资产周转率、应收账款周转率、存货周转率低于平均值。

二是抵押物价格缩水，第二还款来源下降。企业贷款抵押物主要是房产和土地（以房地产为抵押物的贷款占全部贷款比重 47% 左右），在当前房地产市场转冷背景下，贷款抵押物缩水风险增加，企业第二还款来源下降。6 月，杭州、宁

波、温州和金华房价环比分别下降 1.8%、1.6%、0.3% 和 0.6%，其中，杭州房价已经连续第三个月领跌全国 70 个大中城市。从定基指数看，6 月，杭州、宁波和温州房价已经跌回四年前，比 2010 年分别下降 1.5%、1.8% 和 21.9%。

三是撤保现象增加，第三还款来源下降。当前，企业出险[①]情况仍在增加，区域信用环境继续恶化，大量担保公司破产倒闭，优质企业陆续撤保，并不再为其他企业提供担保。6 月末，全省保证贷款占各项贷款比重为 22.5%，同比下降 1.5 个百分点。企业担保难度增加，导致第三还款来源减少。受此影响，众多企业因找不到有效担保，而无法获得银行融资。

四是区域风险上升，企业信用评级下降。2014 年以来，浙江银行不良贷款继续保持双升态势。6 月末，全省不良贷款余额 1356.5 亿元，比年初增加 156.7 亿元；不良贷款率为 1.96%，比年初提高 0.13 个百分点。在此背景下，部分商业银行总行下调了浙江省的区域信用等级分值，使企业信用等级降低，融资难度增加。据某商业银行省分行反映，2014 年 6 月末，系统内 AA 级以上客户占比为 34.2%，同比下降 17.5 个百分点，比上年末下降 12.6 个百分点。另一商业银行省分行也反映，与上年末相比，6 月末该行 AA-级以上的高等级优质客户减少 528 户，而 BBB-级至 A+级一般客户增加了 591 户，D 级至 BB 级劣质客户增加了 71 户。

二、企业融资贵问题

（一）从融资成本纵向时序看：当前企业实际融资成本并非历史最高，融资贵感受主要源于融资费用占利润比重快速攀升，而这与浙江省企业财务杠杆过高有关和经营效益下滑有关

1. 企业实际融资成本虽高于上年同期，但要明显低于前期高点。企业的实际融资成本主要有三部分组成：一是合同贷款利率，人民银行对此有专门的贷款加权平均利率统计；二是与贷款相关的并且由商业银行收取的各种融资费用，较多体现在商业银行的担保性中间业务收入和管理性中间业务收入等，对这部分费用的费率，可通过担保性和管理性两类中间业务收入之和与同期企业贷款平均余额之比计算获得；三是与贷款相关的各种业务回报费用，最典型的是企业买存款费用。即企业在贷得一笔款项的同时，还须按贷款金额的一定比重，以定期存款方式留存银行。这笔存款往往需要企业支付额外贴息费用，以高于定期存款利率的价格从存款市场上购得。本文根据人民银行绍兴市中心支行提供的市场贴息率和企业定期存款占全部企业贷款之比计算得到业务回报费率。

根据历史数据，我们推算得到 2014 年二季度全省企业实际融资成本约为

---

① 出险企业统计口径：出现经营困难、关停、倒闭、法人代表逃逸、法人代表无法联系、资金链断裂、涉及民间借贷、非法集资、承担大额担保代偿责任、发生有重大影响诉讼案件、发生灾害安全事故等各类风险事件的银行贷款户。

8.1%，相当于 1 年期基准贷款利率上浮 35%，这与我们 1129 家企业实际融资成本调查结果（8.3%）基本一致。从历史走势看，2014 年一季度浙江省企业实际融资成本要明显低于 2011 年三季度前期高点（9.1%），并非处于近年的历史高点，从这个角度讲，当前企业的实际融资成本水平不是感受融资贵的主要原因。

2. 融资费用占利润比重上升与企业感觉融资贵密切相关，而其中原因是浙江省企业财务杠杆过高及经营效益下滑。在实践中，企业不仅用融资成本的绝对水平，同时也用融资成本的相对水平（通常用融资成本占利润的比重）来衡量融资成本的高低。如图所示，2014 年 1~5 月，全省规模以上工业企业财务费用占利润总额的比重为 37.3%，这一比重为近五年来的次高点，较上年全年上升 4.9 个百分点，上升势头较快。因此，我们推断当前企业融资贵感受强烈的主要原因应该是融资成本的相对水平高，即企业融资成本占利润总额比重较高。

进一步分析，浙江省企业融资成本相对水平高又主要与浙江省企业财务杠杆过高和经营效益下滑有关。统计数据显示，2011~2013 年三年间，全省规模以上工业企业利润年均仅增长 5.9%，而同期制造业贷款年均增长 11.4%，高于规模以上工业企业利润年均增幅 5.5 个百分点。

（二）从融资成本横向比较看：浙江省企业融资成本高于全国水平，这与浙江省融资主体资产规模偏小、资产负债率较高以及融资期限相对较短有关，因而融资贵有其一定的客观性

浙江省实际融资成本很难与全国和其他省份进行准确比较，但从贷款加权平均利率看，浙江省融资成本可能要略高于全国。2014 年一季度，浙江省贷款加权平均利率为 7.38%，高于全国 0.2 个百分点。

浙江省融资成本高于全国，主要和其融资主体资产规模偏小、资产负债率相对较高以及短期贷款比重偏高有关，因而有其一定的客观性。

1. 融资主体规模偏小。统计数据显示，2014 年 6 月末，浙江省小微企业贷款占全部企业贷款比重为 38.1%，比全国高 10.2 个百分点。由于浙江省融资主体规模偏小，在与银行的谈判过程中，议价能力较弱，融资成本相应较高。

2. 资产负债率相对较高。统计数据显示，2014 年 4 月末，浙江省规模

图 浙江省规模以上工业企业财务费用占利润总额比重

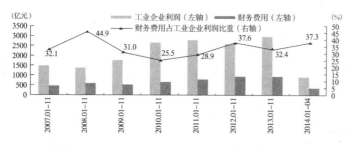

数据来源：浙江省统计局。

以上工业企业资产负债率为59.73%，比全国高1.47个百分点。资产负债率偏高，从一个侧面反映出企业自身可抵押物较少，融资成本相应也会有所提高。

3. 贷款期限相对较短。浙江省企业贷款短期占比较高，2014年6月末占比为59.2%，比全国高18.9个百分点。由于贷款期限较短，而贷款资金实际用途期限较长，短贷长用现象突出，这在续贷期会衍生出一系列相关费用，从而从总体上推高企业实际融资成本。

此外，近年来浙江省不良贷款风险持续暴露，区域风险溢价上升①也是造成浙江省企业融资相对偏高的重要原因。

(三) 融资难、融资贵从深层次原因看：金融体系一些不合理的体制性、机制性因素也同样不容忽视

一是政府融资平台等主体存在财务软约束，对资金价格不敏感。一方面，占用了大量信贷资金，产生挤出效应，制约了对小微企业、"三农"等其他实体经济领域的信贷供给。另一方面，这些融资平台又通过信托、理财等方式的高回报率吸纳资金，无形中拉升了无风险利率，推高整个社会的利率水平。

二是我国金融体系的直接与间接融资比例不协调。我国资本市场不够发达，不仅规模偏小，而且结构单一，缺乏层次性。企业通过增资扩股方式筹集资金难度较大，转而被迫寻求债务融资，企业杠杆率被过度放大。在经济下行期，企业盈利能力普遍弱化，即便是利率保持不变或略有下降，也会让企业因为利息保障倍数（企业息税前利润与利息费用之比）的陡降而感到融资贵。

三是银行内部考核机制不合理。部分银行总行不顾当前经济下行、企业生产经营困难现状，一味强调利润增长，并特别要求经济发达地区多做贡献，导致浙江省部分基层分支行在利差缩小的情况下，直接收取名目繁多的不合理费用。对1129家企业融资情况调查显示，约有四成企业反映银行存在"以贷转存"（占比9.0%）、"存贷挂钩"（占比15.2%）、"以贷收费"（占比12.7%）、"借贷搭售"（占比8.8%）等诸多不合规行为。从推动融资成本上升速度看，考核机制不合理的作用最为直接。

四是基层金融，特别是专门服务于小微企业的社区银行发展不够，竞争不充分，造成贷款定价存在垄断和乱收费，也增加了融资成本。民营银行试点准入门槛过高，如要求主动发起人对剩余风险承担无限责任、必须有两个以上共同发起人并有股本比例的限制等，实质上是"玻璃门"、"弹簧门"，对民间资本存在歧视。

---

① 2014年3月末，浙江省不良贷款率为1.94%，比全国高0.4个百分点，居全国第七位。

新疆昌吉州企业融资情况调查

中国人民银行乌鲁木齐中心支行调查统计处
中国人民银行昌吉州中心支行调查统计科

2014 年二季度，人民银行昌吉州中心支行在昌吉州开展了以中小微企业融资情况为主题的调查。调查结果显示，因产品销售不畅，产成品和应收账款占用上升，企业对流动资金需求上升，但在商业银行信贷规模管控的背景下，部分小微企业存在较为严重的融资难、融资贵问题，对企业的持续正常经营和健康发展形成了挑战。

一、调查企业的基本情况

本次调查共从昌吉州 2 市 5 县中，选取了 100 家企业，采用问卷调查方式和组织部分企业召开座谈会的方式进行。在选取的 100 家样本企业中，综合考虑了企业的规模、行业属性等因素。从企业的规模分布看，大型企业 8 家，中型企业 38 家，小型企业 47 家，微型企业 7 家；从行业分布看，主要集中在制造业、农林牧渔业，采矿业，电力、燃气及水

的生产供应业等领域，样本企业的规模和行业属性具有一定的代表性，能够较好地体现昌吉州实体经济特点。

二、企业资金面及融资情况

（一）小微企业资金面紧张现象较为突出

在全部 100 家调查企业中，资金状况呈现为紧张、一般和宽裕的企业数分别为 56 家、39 家和 5 家。具体到不同规模的企业，分别有 37.5%、36.8%、74.5% 和 57.1% 的大型、中型、小型、微型企业认为面临资金紧张问题，其中，小微型企业资金面紧张问题显得尤为突出。调查结果同时显示，企业资金面紧张的首要原因是产品销售不畅，产成品和应收账款占用上升导致流动资金短缺（共 36 家，占比 64.3%），这与当前昌吉州工业企业的运行情况相吻合，根据昌吉州统计局统计数据，2014 年一季度，昌吉州

工业企业应收账款净额98.57亿元，同比增长65.9%；产成品资金占用177.75亿元，同比增长41.4%。

（二）补充流动资金是企业融资主要目的

企业融资需求存在多元性。从问卷调查反映的结果看，共有72家企业认为补充流动性资金是企业融资最主要的目的，32家企业融资的主要目的为扩大生产。相比之下，企业出于其他目的的融资占比均较低。从不同规模企业情况看，中型和小型企业的流动性资金需求更为迫切。分别有78.9%的中型企业和74.5%的小型企业认为补充流动资金是其融资主要目的。

（三）银行贷款是企业获取外源性融资的重要渠道

从企业融资渠道看，共有92家企业涉足外源性融资筹集资金。而在外源性融资渠道中，银行贷款的重要性明显超出其他融资渠道。共有73家企业涉足银行信贷方式融资，相比之下，民间融资（8家）、小额贷款公司、典当行等机构融资（7家）、股权融资（1家）、其他方式（12家）等融资方式则明显偏少。具体到各类型企业，分别有66.0%的小型企业和28.6%的微型企业存在银行贷款融资行为，而分别有87.5%的大型企业和86.8%的中型企业存在银行贷款融资行为，大中型企业对银行贷款融资依赖性更为明显。

（四）小型企业贷款需求难以满足现象较为突出

从问卷调查反映的结果看，分别有12.5%、28.9%、42.6和28.6%的大型、中型、小型、微型企业曾向银行机构申请贷款而未能获批。其中，小型企业占比最高。值得注意的是调查结果中微型企业的贷款满足率高于小型企业。

（五）抵押担保物是决定企业贷款最关键因素

对于申请贷款未能获批的原因，61.8%的企业认为抵押担保无法落实，又缺乏其他有效担保是主要原因，占比最高。同时，在获取贷款的企业中，93.2%的企业表示主要通过自有房产、设备抵押，仅19.2%的企业曾获取过无须担保的信用贷款，且这部分企业全部为大中型企业，仅13.7%的企业（全部为小型企业）获取过中介机构提供担保的贷款。

（六）逾五成企业认为融资成本偏高

根据问卷调查反映，21%的企业认为目前融资成本过高，难以承受；35%的企业认为，融资成本高，但可承受。从银行贷款利率执行情况看，大中小微企业贷款执行利率依次提升。其中，28.6%的大型企业贷款利率下浮，71.4%的大型企业执行基准贷款利率；中型企业贷款利率上浮在10%以内和10%~20%的占比分别为45.5%和18.2%；67.8%的小型企业贷款上浮幅度超过20%，而50.0%的微型企业贷款利率上浮幅度超过30%。

执笔：石海峰　袁萍萍

融资性担保公司向商业银行风险传递案例分析

中国人民银行成都分行调查统计处
中国人民银行内江市中心支行调查统计科

融资性担保机构在缓解中小企业贷款难、促进中小企业发展等方面发挥了重要作用，取得了较好的社会效益。与此同时，担保行业也暴露出一系列违规经营问题，严重影响了银担业务合作的可持续性。本文通过案例分析，从融资性担保公司、商业银行、监管当局三方面分析银担业务合作中的风险隐患。

一、案例基本情况

2008年，有担保业"旗帜"之称的中科智担保公司暴露出虚增资本、财务造假等丑闻，业务限于停滞，并引发担保业信用危机。2012年，"华鼎担保骗贷案"再次将银担合作风险推到风口浪尖。曾经作为担保业旗帜的两家公司，相继暴露出违规经营等重大风险。

二、银担业务合作中的风险分析

（一）担保公司违规经营风险

目前担保公司暴露较多的违规经营行为主要有参与民间高利贷、截留企业贷款资金、虚假注资等，违规经营已成为银担合作中的最大风险隐患。

1. 伙同企业骗取信贷资金，违规经营非担保业务。担保公司通过游说企业申请高出实际需求的贷款额度，之后便以许诺企业高额年回报率为由截留多出的贷款资金自用。如企业实际融资需求为500万元，担保公司游说企业申请1000万元的额度，扣除银行收取最低100万元保证金以及企业500万元实际贷款后，担保公司便截留400万元自用，并许诺高额年回报率。例如，华鼎事件主要由于担保机构在账外挪用客户保证金或利用关联企业套取银行信贷资金用

表1 近年来融资性担保公司违规事件典型情况

事件名称	基本情况	对担保信贷影响
中科智事件	中科智是我国较早成立的民营担保机构，也是我国最大的民营担保机构，资本金规模从5000万元发展到超过30亿元。累计担保额达740亿元，涉及企业900多家，号称"中国商业担保第一品牌"。	2008年，中科智业绩急转直下，香港上市计划流产。11月4日《21世纪经济报道》报道《中科智旋涡：深圳银行业群发"禁担保令"》，披露中科智担保余额136亿元，委托贷款担保余额17.2亿元，2008年上半年净亏12亿元。
大树事件	惠州市大树担保有限公司成立于2006年，经营范围为"为企业、自然人提供信用担保"，截至2007年末，该公司注册资本9900万元。	鉴于大树担保公司后续保证金缴存不足等违规行为，2008年8月，惠州市农村信用社停止了与该公司业务合作，截至2012年8月末，大树担保公司担保贷款余额947万元，全部为不良贷款。
华鼎系事件	华鼎公司、创富公司和中担公司的实际控制人均是陈奕标，广东华鼎融资担保有限公司曾为广东规模最大的担保公司。2011年末，陈奕标"跑路"传闻，让"华鼎系"担保的资金危机浮出水面。	"华鼎系"通过截留贷款、增资扩股等名义腾挪资金进行盲目投资等违规操作。截至2012年1月31日，广东省内共有13家银行与华鼎担保和创富担保两家公司有业务往来，在保责任余额42.8亿元，担保敞口约36亿元，事件涉及418家中小企业，其中近四成贷款出现逾期和欠息；与中担公司有业务关系的合作银行有22家，在保余额31亿元。
瑞阳事件	江苏瑞阳投资担保公司一直从事"倒贷"，由于高利贷逾期无法收回和投资期货亏损导致资金链断裂。	2011年10月19日，江苏瑞阳投资担保公司法定代表人跑路，该担保公司与连云港四家商业银行合作的接近7000万元担保信贷受影响。

于高息放贷和高风险投资，导致资金链断裂形成较大风险损失。又如，江苏瑞阳投资担保公司由于参与高利贷导致资金链断裂，致使与银行合作的7000万元担保信贷或将全部损失。

2. 成立关联企业转移骗贷资金。在华鼎系事件中，华鼎公司法人代表陈奕标与其亲戚或好友一起控制着约30家境内外公司，他们或持有股权，或任职高管。涉事担保公司将获得的企业担保贷款直接进入关联企业，再作为投资用途，占用的担保企业资金不进入涉事担保公司财务报表，规避了银行对担保资金使用真实性的监督。《融资性担保管理暂行办法》规定，融资性担保公司经批准，可以以自有资金进行投资业务，但限于国债、金融债券及大型企业债务融资工具等信用等级较高的固定收益类金融产品。通过对以上经营行为分析，陈奕标控制的涉事担保公司以为企业担保作为幌子，利用其个人和企业光环，截留企业贷款、吸收企业资金进行担保和投资，伙同企业骗取银行贷款，实质属于非法经营和骗贷行为。

表 2　华鼎系事件中陈奕标控制和投资的部分企业

公司类别	公司名称
通信类公司	广东国讯电信股份有限公司、广东国讯电信连锁经营有限公司、广东神州在线电信有限公司、广东国讯通信器材销售有限公司
金融借贷类公司	北京银桥典当有限公司、房山龙盛源小额贷款公司
投资类公司	北京凯龙创业投资基金管理有限公司、广州保盈创业投资有限公司
在境外投资、设立的公司	泰润国际投资有限公司（香港上市公司，后改名为中国投资开发）、嘉禹国际有限公司（香港上市公司，后改名为中国投融资集团）、RCON（美国纳斯达克上市公司）

3. 风险保证金缴存不足。担保公司主要是采取在贷款行存入一定金额的担保基金，然后一般按 2~5 倍（财政部规定不超过 10 倍）的比例放大来为中小企业或个人融资提供担保，如果未缴足风险保证金，担保能力将出现下降。如大树事件中，根据担保协议书约定，大树担保公司须在合作金融机构开立保证金账户，并存入不低于人民币 3000 万元资金，专项用于担保融资服务，该合作机构按保证金的 8 倍给予大树担保公司担保授信总额，但大树担保公司在后续担保过程中，未按规定缴存风险保证金，导致担保能力不足。

4. 虚假及多套报表导致信息不对称。担保公司的会计报表一般都未经外部审计，对其账外经营、转移利润等问题难以有效监控。如华鼎事件及中担事件，虽在股权结构上无直接关联关系，但其实际控制人均为陈奕标，陈奕标同时涉足融资、典当、放贷等业务，其下属公司错综复杂，而财务报表信息未能反映担保公司真实财务状况，给银行与担保公司合作带来较大风险。

（二）商业银行对银担合作风险防范不足

1. 银担业务信贷风险管理执行不到位。一方面，在银担业务发展过程中，担保公司往往承担 100% 的信贷风险。在担保公司承担全部风险的情况下，银行存在着放松贷款审批的风险。部分银行过于依赖担保机构推荐客户发展业务，没有在防控风险的基础上开展融资担保合作业务，也没有核实借款人的真实资金需求，为不法企业骗取信贷资金提供了便利。另一方面，银行贷后管理疏忽，对贷款资金用途的后续监管不到位，让担保公司挪用客户贷款成为可能。

2. 银行从业人员违规参与民间借贷。担保公司能够从民间吸取巨额资金，与部分银行从业人员的"合作"密不可分，部分银行从业人员充当民间金融掮客。如"厦门融典"违规参与民间借贷导致资金链断裂事件，涉案银行高管利用职务之便参与民间借贷，为"倒贷"企业出具盖有银行公章的承诺书，以证明该企业在该行的存款，合伙骗取民间资金。

3. 对担保机构的关联企业贷款过于

集中。从案例可以发现，涉事担保公司的实际控制人同时经营几家关联企业，而银行对这些关联企业的信贷过于集中。如江苏银行连云港分行与江苏瑞阳投资担保公司共有近 20 户超过 20 笔 5000 万元授信业务，其中近 10 户授信业务的企业与该担保公司法人代表或股东存在关联关系，关联资金达 3000 万元。案发后，所有授信业务均存在信贷风险。

（三）对融资性担保公司的监管存在漏洞

1. 法律法规制定不全面。以《融资性担保公司信息披露指引》为例，规定融资性担保公司应当披露年度报告，但对于其是否披露半年度报告没有规定，使得监管时间跨度大，为担保机构违规操作留下较大空间；此外，仅规定了需将年度报告送达监管部门、债权人及其他利益相关者，这使得担保公司向社会公众的信息披露缺乏硬性约束，导致社会公众对担保机构缺乏了解，无法对其进行评价和监督。在信息公布内容方面，没有明确要求担保机构公布其与每一个合作银行的合作情况、资金流向等内容，使得具体监管难度加大；此外，缺少对担保公司不公布信息或者信息公布不全面的处罚措施，使得处罚没有依据和标准，监管威慑力下降。

2. 地方政府监管不到位。当前对融资性担保公司实行的是双层管理体系，中央层面是由银监会等七部委组成的拥有决策权、主规则制定权的联席会议，地方层面则是由各省级政府确定的监管部门，并实行属地管理。地方政府作为融资性担保机构的审批设立和监管部门，负责风险处置工作，实际上为担保机构提高了信用等级，而担保行业的风险也集中向地方政府转移。此外，由于担保公司业务具有较强的专业性，涉事担保公司违规手段隐蔽，反监管的针对性颇高，地方政府缺乏足够的风险控制动机和专业监管水平，融资担保行业监管体系有待完善。

江西省融资性担保公司调查

中国人民银行南昌中心支行调查统计处

2014 年 5 月上旬，中国人民银行南昌中心支行对江西省 46 家①融资性担保公司进行了专题调查，并向江西省金融办、省内各银行业金融机构②调查了解融资性担保公司相关情况。调查显示，当前我省融资性担保公司发展存在"两个现象"，面临"三大难题"。

一、"两个现象"凸显融资性担保公司经营困境

（一）经营风险明显上升

在宏观经济整体放缓的大背景下，企业经营面临较为严峻的形势，作为主要为企业特别是小微企业提供融资担保服务的机构，经营风险也随之上升。调查显示，融资性担保公司对当前及预期风险判断主要呈现以下三个特点。

一是经营风险主要表现为代偿或损失风险。被调查 46 家机构中，选择"部分行业企业出现违约，面临担保代偿或损失风险"的占 78.26%，高居首位；其次为"融资担保需求减少，面临业务下

滑风险"，占 17.40%；"民间借贷风险"、"政策风险，如政府集中清理整顿等"占比均为 2.17%。

二是发生代偿或损失主要集中于制造业。在融资性担保公司发生担保代偿或损失的行业中，排在首位的是"制造业贷款担保"，占比为 65.38，主要由于制造业受经济形势整体下行影响较大；其次为"个人经营性贷款担保"及"农业贷款担保"，占比分别为 23.08% 及 19.23%；"房地产业贷款担保"及"政府融资平台贷款担保"占比均为 3.85%。

三是未来经营风险上升预期较为强烈。与 2013 年相比，预计 2014 年经营风险"上升"的机构占 32.61%，"基本持平"的机构占 41.30%，"下降"的机构占 26.09%。

---

① 国有及国有控股机构 28 家，占 60.87%；股份制机构 10 家，占 21.74%；私营机构 8 家，占 17.39%。

② 涵盖各国有商业银行江西省分行、各股份制商业银行南昌分行、江西省农村信用社联合社、北京银行南昌分行、南昌银行、九江银行、赣州银行、上饶银行、景德镇市商业银行、各村镇银行。

江西省金融办监测数据显示，江西省融资性担保公司经营情况也不容乐观。

一是盈利水平参差不齐。2013年全省融资性担保公司实现净利润0.24亿元，较2012年下降0.16亿元，降幅达40.01%。同时，各家机构盈利水平也存在较大差距，其中净利润超过100万元的仅24家，净利润为零或负值的机构72家，占机构总数的41.14%。

二是代偿金额大幅上升。受小微企业经营困难等因素影响，全省担保代偿金额出现上升。2013年全省融资性担保公司累计担保代偿额①为3.78亿元，较2012年增加1.38亿元，增幅为57.50%；担保代偿率为1.25%，较2012年上升0.41个百分点。全年共有46家担保机构出现代偿，累计代偿户数206户，较上年增加34户，增长16.50%。一些注册资本金较小、风险控制能力弱的担保公司出现较多代偿。

三是担保业务出现收缩。受经济形势整体下行及货币政策持续稳健因素影响，2013年全省融资性担保机构业务发展较为缓慢，部分机构业务量与上年相比出现下降，其中规模较小、经营管理水平不高的民营担保公司还出现亏损并主动收缩担保业务或直接退出担保行业。全年，江西省退出担保行业的融资性担保机构有36家，退出机构占比为20.57%。

（二）银担合作更趋谨慎

融资性担保公司经营风险的上升，特别是部分银行出现的一些不良贷款直接由融资性担保公司提供担保，使得省

内商业银行及其上级行加大了整顿、清理的力度，与融资性担保公司合作条件更趋严格。从调查情况看，当前银行加强对银担合作风险控制主要表现为以下三个特点。

一是审批条件严格化。调查显示，省内金融机构收紧融资性担保公司准入门槛的硬性措施主要包括：严格注册资本要求。各金融机构对准入机构设置了最低注册资本金要求，多数行对民营性担保机构合作门槛要求"实收资本在1亿元（含）以上"，具有政府背景的担保机构合作门槛要求"实收资本在5000万元（含）以上"。而截至2013年末，江西省融资性担保公司注册资本达1亿元及以上的仅有39家，占比为22.54%；注册资本在2000万元及以上的国有控股担保公司仅58家，占比为33.53%。严格机构类型。多数地方性金融机构还明确规定合作担保机构只能是具有政府背景的机构，不得与民营性担保机构合作。而2013年末，江西省由政府控股的融资性担保公司共72家，占比为41.62%，剩余近六成融资性担保公司为民营性质。严格持续经营期限。部分金融机构要求合作担保机构持续经营在2年或3年以上，并且无不良担保记录等。

二是过程控制常态化。主要表现为：实行名单制滚动制管理。多数行建立了准予合作的担保机构名单，并根据合作期间担保机构经营状况变化及时进行调整，对已不符合要求的担保机构及时进

---

① 仅指"融资性担保代偿"，下同。

行剔除，对达到合作门槛的担保机构及时核准准入。加强额度控制。各行要求担保机构对单一被担保人及其关联方提供的融资性担保责任余额不得超过监管规定比例，对担保机构担保放大倍数[①]、在本行可用最高担保额度也有特殊的规定。强化保证金管理。各行对保证金账户实行专户管理，严禁保证金专户与其他账户串用、挪用或混用，当保证金代偿后，及时要求担保机构补缴，未补足前不得办理新增信贷业务。加大检查力度。部分行还定期通过系统监测、实地走访等方式对担保公司资产质量、资金运用、风险控制等情况进行分析核实，检查频率也明显加快。

三是风险转嫁单向化。主要反映在当发生贷款违约时担保机构与银行的责任分担。调查显示，当被担保企业发生违约时，多数行要求担保机承担构100%的代偿责任，银行在合作中处于相对优势地位。

二、"三大难题"制约融资担保业务深化

（一）担保行业鱼龙混杂，暗藏风险辨识难

由于融资性担保公司和非融资性担保公司都称为担保公司，普通民众很难将二者区分开来，极易陷入鱼龙混杂的局面。从"全国组织机构代码共享平台"进行检索[①]，我们可以获得江西省担保行业的大概情况。目前全省挂有"担保"招牌的公司752家，但持有政府颁发的"融资担保业务经营许可证"的担保公司只有175家，其余的均为非融资性担保公司，后者约为前者的3.30倍，这一比例在上饶地区更是达到9.08倍。

担保行业鱼龙混杂主要体现在三个方面：一是经营业务类似。融资性担保公司可以经营融资担保和非融资担保业务，非融资性担保公司虽不能经营融资担保业务，但这类公司仅需在工商部门注册登记，未纳入金融监管部门的监管范畴，即使违规开展贷款担保等融资担保业务，也难以实施监管。二是装修及行业标识类似。非融资性担保公司为打监管"擦边球"，在公司名称及装修装潢中普遍打出"担保"、"信用担保"、"贷款担保"、"投资担保"等醒目字样，甚至直接标识"融资担保"字样，企业及普通民众难以识别其与正规融资性担保公司的区别。三是对外宣传模糊。相对正规机构，非融资性担保公司在对外宣传方面往往更为积极，宣传中通常掩盖其不得经营金融业务的性质，并且常以"低门槛融资"、"高收益理财"等方式诱导企业和民众，这样，即使是一些非融资性担保公司由于非法开展金融业务引致风险，正规融资性担保公司也将会受到影响。

（二）融资担保需求旺盛，而担保实力提升难

一方面，融资担保需求保持旺盛状态。小微企业由于自身有效抵押物不足，因而成为融资性担保公司的主要担保对

---

① 即融资性担保责任余额与实收资本之比。

象。调查显示，受访的 46 家机构，担保对象主要为小微企业的占绝对比例，为 82.61%；其次为中型企业，占 10.87%；居民个人占比为 6.52%。而在未来融资担保需求预期看，认为"上升"的占 63.05%，"基本持平"的占 30.43%，"下降"的占 6.52%。在宏观经济政策保持稳定、货币政策持续稳健的形势下，企业特别是小微企业的融资担保需求仍将保持旺盛的状态。

另一方面，担保机构实力难以提升。注册资本实力决定了担保机构的代偿能力。2013 年末，全省融资性担保机构中，注册资本在 10 亿元以上的机构有 3 家，1 亿元至 10 亿元的机构有 36 家，5000 万元至 1 亿元的机构有 50 家，5000 万元以下的机构有 86 家，其中 2000 万元以下的机构有 32 家。注册资本在 1 亿元以下的机构占比达 77.71%，其中 5000 万元以下的机构占比为 49.14%，而 2000 万元以下的机构占比也达到 18.29%。此外，由于担保机构融资渠道不畅，全省担保机构担保倍数普遍偏低，2013 年平均担保放到倍数为 2.07，较上年降低 0.13，其中担保平均放大倍数低于 2 倍的担保机构 71 家，占总数的 40.57%。

（三）银担合作渠道不畅，担保业务发展难

一是融资担保业务主要面向银行机构。担保机构开展的融资性担保业务主要是贷款担保，合作的对象主要为银行业金融机构。调查显示，在担保机构开展的担保业务类型中，"贷款担保"占比为 97.83%，排在首位；其次为"票据承兑担保"，占比为 30.43%；"贸易融资担保"、"项目融资担保"占比均为 15.22%；"信用证担保"占比为 8.70%。

二是开展合作的银行类型较为狭窄。江西省大部分担保机构合作银行局限于农村信用社、城市商业银行和村镇银行等地方中小银行。调查显示，担保机构与银行合作的类型中，合作面最广的为农村金融机构，占比为 47.83%，主要由于农村金融机构基本面向"三农"和小微企业，融资担保需求量大，准入门槛相对较低，同时各类政府性担保机构主要贴近县域，与农村金融机构开展合作具有相对便利性；其次为城市商业银行及国有商业银行，占比分别为 26.09% 及 19.57%；股份制商业银行及政策性商业银行占比分别为 4.35% 及 2.17%。

三是银行准入门槛提高倒逼担保公司拓展高风险业务。受银行加强风险控制、提高合作门槛影响，截至 2013 年末，全省仍有 62 家担保机构未与银行开展合作，占总数的 35.43%。银担合作渠道不畅导致个别担保机构转而与小额贷款公司开展业务合作，从事民间融资担保业务，这不仅偏离了融资性担保公司服务小微企业信贷融资的初衷，也进一步放大了担保机构经营风险。

---

① 检索方式为区域检索，关键词"担保"，查询时点"2014 年 5 月 14 日 15 时 03 分"。

河南省担保圈企业贷款调查分析

中国人民银行郑州中心支行调查统计处

保证担保贷款是担保贷款的一种，它较好地解决了企业尤其是小微型企业抵押担保物缺乏问题，一定程度上缓解了企业融资难题。近段时期，企业间互保、联保圈内出现了因个体资金紧张引发的集体资金循环不畅情况，贷款质量潜在风险加大。为此，人民银行郑州中心支行组织各市中心支行、金融分支机构开展了担保圈企业贷款调查。

一、当前河南省企业保证贷款情况

（一）保证贷款的基本情况

调查数据显示，2014 年 4 月末，全省保证类贷款余额 3632.4 亿元①，约占全部企业贷款余额的 1/4，同比增长 15.5%，比年初增加 240.8 亿元，同比少增 54.4 亿元。从所有制性质看，国有企业控股、民营企业控股、外商及港澳台商控股企业保证贷款占比分别为 23.2%、71.8%和 2.3%，民营企业保证贷款较多；从企业类型看，大型、中型、小型、微型企业保证贷款占比分别为 26.7%、24.9%、

43.2%和 5.3%，小微型企业保证贷款投放量大；从行业来看，制造业，批发和零售业，农、林、牧、渔业，建筑业及采矿业保证贷款居所调查行业前 5 位，其占比分别为 40.3%、15.5%、9.6%、6.5%和 4.9%，累计占比近八成（76.8%）。

（二）保证贷款资产质量下滑

2013 年以来，受经济增速下滑，钢铁、煤炭、电解铝等传统行业产能过剩和结构调整，房地产市场交易量下滑，企业生产经营困难等因素影响，河南省保证贷款尤其是担保圈贷款出现了多起不能按期偿还现象，保证类贷款资产质量降低。2014 年 4 月末，全省不良保证贷款余额 51.9 亿元，同比增长 18.3%，较年初增加 13.1 亿元，同比多增 10.1 亿元。担保圈贷款主要有三种形式，即互相担保、连环担保、交叉担保。按与借款人的关系密切程度，担保圈分为一级圈、二级圈、三级圈甚至更远的担保圈。

---

① 本次数据统计范围包括各大型商业银行河南省分行、各股份制商业银行郑州分行、中国邮政储蓄银行河南省分行、河南省农村信用社联合社及郑州银行的企业类保证贷款。

对许昌市宏伟实业的调查显示，该企业一级担保圈包括19家企业，在银行贷款17.8亿元；二级担保圈包括42家企业，对外担保余额45.1亿元。

二、担保圈企业贷款形成的背景及原因

（一）前期较为宽松的经济金融环境加快了小型企业贷款增速

2008年金融危机之后，国家实行了适度宽松的货币政策，国内流动性较为宽松，银行资金充裕，信贷审批条件放松，企业获取贷款的难度降低。同时，经济处于上升期，企业投资、扩大再生产的意愿强烈，资金需求量大。在供求两种因素带动下，企业贷款快速增长。2009~2012年，河南省企业贷款年均增速为18.4%，高出全部贷款平均增速0.3个百分点；其中，小型企业贷款年均增速为28.5%，高出企业贷款增速10.1个百分点。

（二）小型企业可供抵押的资产不足，担保成为获取贷款的主要形式

在发展初期，小型企业自身规模小，资产实力不强，可供抵押的不动产、机器设备较少，抵（质）押贷款比例低。以许昌市宏伟实业为例，19家小型关联企业的生产经营场所多数为租赁取得，而租赁土地不能用来抵押。同时，自有土地为工业用地，评估价格较低，以其作抵押从银行获得的贷款量少。初步统计，宏伟实业通过土地及附属物抵押取得的贷款仅占全部贷款的5.6%，远不能满足企业生产经营和发展需要，进而通过联保获取更多贷款资金。

（三）企业担保提高了中小企业信用水平和贷款额度

中小企业互保可以通过集体力量防范个体信用危机，有效降低单家企业经营不善产生的资金违约风险，从而受到银行的大力推崇和重点营销，是银行发放小型企业贷款的主要形式。从小型企业看，它们与同地区、业务上存在合作关系的企业抱团取暖，采用互保、联保等形式申请贷款，融资难度降低，获取的资金量增加。从风险控制标准看，不同的银行有不同的条件和要求，一些银行认同同系企业提供的担保，一些银行仅认同外部企业的担保；一些银行要求担保企业的担保额度小于其净资产，一些银行要求担保额度不能超过其净资产的4倍，且对外担保企业数量不能超过6家等。在这种背景下，企业根据银行的担保要求寻找不同类型的企业进行担保，从而形成了关联企业担保、互保、交叉保等形式，企业担保圈不断扩大和交叉。

（四）融资担保中介机构服务水平不高

2009~2011年，河南省担保机构快速增长，2011年末，全省各类担保公司共计1300余家，但注册资本低、担保实力弱。按照规定，多数银行要求担保机构实缴注册资本金在1亿元以上，而当时全省注册资本在1亿元以上的担保机构占比不到10%，且部分行对担保公司实行名单制管理。同时，担保公司要向银行缴纳20%的保证金，担保贷款风险

主要由担保公司承担，担保金放大倍数多数不超过 5 倍，致使担保公司从事担保业务的积极性不高。按照制度规定，担保机构费用率一般不应超过千分之五，但在实际业务活动中，担保机构对企业收取的担保费用较高，部分机构收取的担保费率高达 2%~3%，企业通过担保机构担保获取贷款的意愿降低。

三、担保圈贷款问题引发的主要风险

（一）企业受担保业务牵连，生产经营资金链条紧张

受行业不景气、销售不畅、盈利能力下降等因素影响，部分受保企业经营困难、资金紧张，无力偿还银行贷款，担保企业被迫替受保企业归还贷款，由此引发"多米诺骨牌效应"。

（二）担保圈企业行业类似，个别企业资金困难引发行业经营风险

由于生产经营业务相互依托，担保圈同行业企业占比较高。据对洛阳、安阳两市的调查显示，洛阳市两家大型电解铝企业河南万基铝业、河南龙泉铝业的贷款担保企业主要为洛阳万基碳素、万基控股集团、洛阳龙泉天松碳素、伊川豫港龙泉铝业等电解铝行业企业；偃师市洛阳神豹办公家具有限公司在家具行业形成了连环担保；河南凤宝特钢有限公司分别为林州市中升钢铁有限公司和濮阳林州钢铁公司提供了贷款担保，安阳县鑫源钢铁有限责任公司为太行钢铁有限责任公司提供了贷款担保。如果受保企业贷款出现问题，必然会影响行业链上担保企业的生产经营，引发全行业经营风险。

（三）担保企业受拖累融资能力降低

受被担保企业拖累，担保企业信誉度下滑，银行审批条件趋严，续贷意愿减弱。如许昌市宏伟实业出现资金断裂后，出于风险考虑，银行对其担保企业飞达技术和恒丰实业的两家到期贷款收回，不再续贷，担保企业资金良性循环机制受挫。

（四）银行收贷、限贷、停贷，引发不良连锁反应

据对巩义市的初步统计，受担保圈问题等因素影响，银行对该市抽贷 10 亿元以上。河南顺凯彩钢有限公司是中西部地区较大的主要生产镀锌板及彩涂钢板的私营企业，由于受保单位出现信用违约，银行对该公司持续进行抽贷、限贷，导致该公司资金极度短缺，生产经营出现危机。

执笔：蒋　颖　赵庆光

创新类同业业务会计处理调查分析

中国人民银行重庆营业管理部调查统计处

近期，中国人民银行重庆营业管理部对重庆市 55 家银行业金融机构 3.6 万笔同业业务调查发现：资金提供行将本质上属于"一般性存款"的理财资金，纳入代客理财核算，再变为资产负债表的"其他负债"，以"存放同业款项"方式提供给资金运用行；资金运用行则利用"买入返售"、"应收类"同业资产等科目，持有通道机构定向发起的各类"受益权"等资产。从而通过拉长资金链条，将本质上的信贷资产演变为表外资产，既扩大了整个金融体系资产负债总量，又隐匿了信贷规模，还造成资产风险权重低估、资金来源与运用期限错配等问题。

一、基本情况

本次调查涵盖 2013 年 1 月 1 日至 2014 年 3 月 31 日重庆市全部 55 家银行业机构 3.61 万笔、8045 亿元同业业务（见表 1）。

调查显示，各机构已分化出不同身份，参与创新类同业业务链条：资金充足且缺乏合意信贷额度的银行成为资金提供行，多以存放同业和同业借款方式提供资金，该类机构业务量占本次调查业务量的 9.23%；信贷规模有限且客户资

表 1 调查银行业金融机构基本情况

	中资全国性大型银行	中资全国性中小型银行（含 2 家法人银行）	中资区域性中小银行（均为法人银行）	信托公司	外资银行	其他（含金融租赁、财务公司和汽车金融）
机构数量（家）	7	21	7	2	13	5
机构占比（%）	12.73	38.18	12.73	3.64	23.64	9.09
同业资产（亿元）	1006	6405	425	120	25	63
同业资产占比（%）	12.50	79.61	5.28	1.49	0.31	0.78

金需求量大的银行成为资金运用行，融入同业资金，持有"准信贷"和"投资类"资产，该类机构业务量占36.56%；信托、证券和保险公司成为通道机构，配合定向发起信托、资管项目等表外专项资产；部分具有较大机构和产品交易权限的银行，则成为同业资产过桥机构。

二、创新类同业业务五大资金运作环节分析

1. 资金募集环节，将理财资金由一般性存款转换为其他负债。资金提供行滚动发售理财产品，将各期限存款资金整合，通过借记"现金"、贷记"活期存款"，借记"活期存款"、贷记"理财产品"，借记"理财产品"、贷记"其他负

债"，从一般性存款科目进入代客理财类科目核算，再变为资产负债表"其他负债"。

2. 资金拆借环节，将理财资金通过场外交易，包装为同业借款或存放同业款项。资金提供行通过借记"存放同业款项"、贷记"存放中央银行"，将理财资金以场外交易（相对银行间市场而言，见表2）的存放同业款项或同业借款方式，提供给资金运用行；资金运用行则借记"存放中央银行"、贷记"同业存放款项"，获取可用资金。

3. 资金运用环节，资金运用行持有过桥机构"买入返售"或"应收类同业资产"。资金运用行结合头寸和风险情况，通过借记"买入返售同业资产"或"应收类同业资产"（见表3）、贷记"存放

表2 场外存放同业和同业借款的区别

	存放同业	同业借款
交易对手	存款类金融机构	金融机构
管理方式	自主管理，无专门监管制度	自主管理，无专门监管制度
统计归属	存放同业	在"拆放同业"的二级科目中核算
主要特点	无限额和期限约束，交易对象限于存款类金融机构	无限额和期限约束，交易对手覆盖各金融机构

表3 资金运用行持有同业资产选择标准

	到期回购情况	资金与资产期限匹配情况	风险资产认定和风险减值准备计提情况
以买入返售方式持有	回购	不匹配	持有方：无加权风险资产的认定回购方：按表外承诺转换处理后的50%认定风险资产权重，操作上普遍认定无须计提专项风险减值准备
以买断方式持有	不回购	匹配	持有方：以交易对象类别认定加权风险资产总量，操作上普遍认定无须计提专项风险减值准备

中央银行"，用理财资金购买过桥银行持有的各种"受益权"同业资产；过桥机构则借记"存放中央银行"、贷记"买入返售同业资产"或"应收类同业资产"。

4. 资金投放环节，过桥机构持有通道机构定向发起的各种"受益权"资产，最终将资金提供给企业或项目使用。过桥机构通过借记"买入返售"或"应收类"同业资产项下的"信托项目/资管项目受益权"、贷记"存放中央银行"，将理财资金提供给通道机构；通道机构再通过借记"存放中央银行"、贷记"信托/资管项目受益权"，将理财资金归入资金托管专户，由资金托管行管理及支付，定向提供给相应企业或项目使用（见表4）。

5. 还款环节，企业或项目方归还本金及利息，承担所有资金成本。资金提供行赚取理财产品应付利息和同业存放应收利息之间的显性息差，计入中间业务收入；资金运用行赚取同业资金应付利息和持有同业资产应收利息之间的显性息差，计入投资收益或金融机构往来收入；过桥机构赚取买入和卖出同业资产间的显性价差，计入投资收益；通道机构以项目管理费名义赚取隐性通道费用。实际用款方成为所有环节资金成本的最终承担者。

三、主要问题

（一）金融业总体资产、负债增加

以100亿元理财资金运作为例（见图1），通常资金提供行资金富裕，缺乏合意信贷额度，存贷比偏低；资金运用行存贷比达75%上限，通过资金提供行配合，可分别增加100亿元同业资金来源和同业资产，推动金融业总负债、总资产随之增加100亿元。据初步统计，2014年3月末，重庆市股份制银行的总资产中，因"准信贷"和"投资类"同业资产推动的资产增长达11%，其中恒丰银行高达35%，总量是该行表内信贷总量的3倍。

（二）大量信贷资产表外化

同样以该100亿元理财资金运作为例（见图1），资金运用行将实质上的100亿元信贷资产，以同业资产形式持

表4 4种过桥合作模式

	所涉及主要业务范畴	主要目的
银银合作	以买入返售或买断方式交易信托受益权、投资收益权等同业资产	将风险资产权重由100%降至25%
银信合作	信托贷款受益权、股权投资受益权和财产信托受益权的发起和转让等	联合第三方银行或企业，共同作为通道机构，规避关于银信直接合作限制
银证合作	包含票据收益权、存单质押收益权和投资收益权等在内的组合型资产管理计划	可将各类同业资产组合打包，确保资金运用行以买入返售方式持有资管计划类同业资产，连接资金供需双方
银保合作	保险业资产管理计划	将同业资金包装为保险公司定期同业存款，从而派生银行表内其他存款

图1　资金提供行和资金运用行的资产负债扩张情况

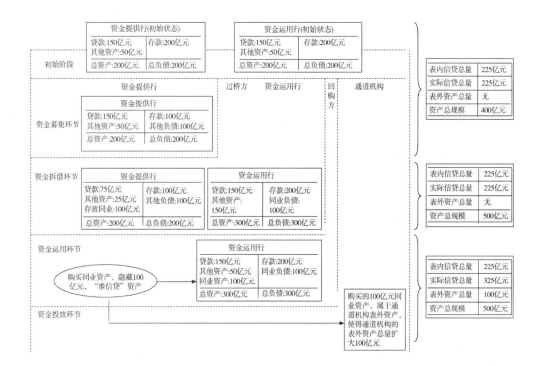

有、核算，既规避了信贷调控，又规避了存贷比等监管限制。据统计，2014年3月末，重庆市银行业金融机构中，以资金运用行身份持有的同业资产达2941.55亿元，相当于当期全市信贷余额的16.19%。其中，1690.94亿元资产以"信托受益权"之名，核算在"买入返售资产"和"应收类同业资产"科目下，其中69%投向房地产、土地储备和政府投融资平台类行业，相当于当期重庆市此类信贷余额的42.12%。另外，信托公司通道业务达1442.75亿元，已占其表外业务总量的46.9%。

（三）同业资金来源与运用期限明显错配

通过将滚动募集的理财资金，以同业存款或借款形式，投向资金运用行和通道机构，既规避了银监会关于理财资金投资"非标"资产比例不超过35%的限制，且造成资金来源和运用期限错配。例如，重庆市银行业金融机构买入返售信托受益权类资产平均持有期为404天，但该类信托项目实际存续期为521天，比持有期长28.96%。

（四）资产风险权重显著低估

创新类同业业务本质上是信贷或投资类业务，加权风险资产权重本应分别

图2 各环节参与机构加权风险资产总量稀释情况

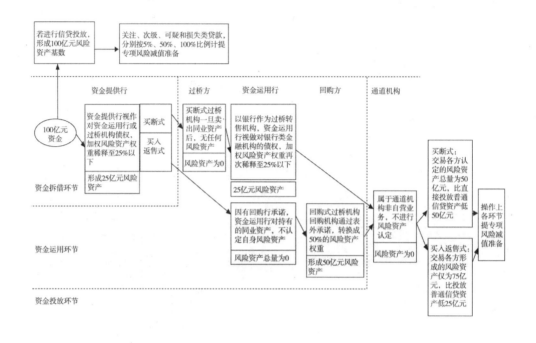

为100%或250%~1250%。但通过同业运作，在资金拆借环节，可少计75%的风险权重；在资金运用环节，借会计处理中过桥方和回购方的金融机构身份，可少计50%~75%的风险权重；在资金投放环节，完全不进行风险资产认定（见图2）。据此测算，2014年3月末，仅重庆市银行业金融机构通过持有同业资产，就有985.32亿元资产加权风险被低估。

（五）专业过桥机构集中较大关联风险

部分在投资设立信托或资管产品方面权限较大的银行，目前已成为同业资金运作的固定参与机构，并逐步成为专业过桥机构。据统计，2014年3月末，重庆市各银行类金融机构持有的买入返售类受益权资产中，有35%以光大银行、平安银行和恒丰银行作为交易对手。

四、相关建议

一是以规范同业业务为契机，统一规范创新类工具或业务会计处理。联合财政及金融监管部门，系统研究金融工具创新，尤其是同业业务创新的动因、运作机理、风险特征，以风险防范与管理为核心原则，出台创新类工具或业务会计处理准则。对同业投资等系统性影响较大的创新业务，统一设置专项会计子科目，与对应业务品种、规模和定价等明细项目匹配。

二是加强同业资金链条监管。尽管《关于规范金融机构同业业务的通知》（银发〔2014〕127号）明确限制同业资产持有占比，但金融机构仍可通过资金提供行代持等方式继续同业运作。因此，建议按不同金融行业子类别，对引入同业存款的机构实行差别化准备金缴存，提高资金运用行拆入同业资金成本。同时，按照持有通道机构专项资产的规模和属性，要求银行追加特别资本金或保证金，披露对关联机构隐性担保和流动性支持信息。

三是加强通道机构资质管理。对传统类通道机构，将杠杆率、通道资金占比和流动性指标等要素纳入监管范围；对非传统类通道机构的租赁公司、基金子公司、担保公司和小额贷款公司等新型机构，设立相关交易最低准入标准。

四是强化流动性监管。弱化传统存贷比等监管限制，以《巴塞尔协议Ⅲ》中的流动覆盖比率（LCR）和净资本稳定比率（NFSR）等指标为核心，引入最低流动性标准理念，重点加强表内外杠杆率、短期批发融资市场变化等方面的跟踪监测。

执笔：赵　凌

从资产结构看 2013 年下半年以来银行同业非标配置特点

中国人民银行福州中心支行调查统计处

2012 年来，为规避监管机构对贷款额度和投向限制，商业银行大力发展非标业务绕道表外放贷，同业资产规模激增，期限错配问题日趋严重，资金在金融体系内大量空转。2013 年 6 月 "钱荒" 后，监管层相继出台《关于规范商业银行理财业务投资运作有关问题的通知》（银监发 2013 年 8 号）等一系列监管政策，意在督促商业银行降低同业杠杆、加强流动性管理。由此，银行同业资产尤其是非标配置行为相应发生变化，我们将分别从 2013 年下半年和 2014 年一季度进行考察。

一、2013 年下半年上市银行同业资产变化特点

（一）同业资产规模大幅减少，占总资产比重快速回落

2013 年末，16 家上市银行同业资产余额 10.21 万亿元，较 6 月末减少

6222.92 亿元。其中，四家大型商业银行减少 3884.87 亿元，其他上市银行减少 2338.05 亿元。从占比看，2013 年末，四家大型商业银行和其他上市银行同业资产占比分别为 7.38% 和 17.23%，分别较 2013 年一季度末的高峰水平下降了 1.86 个和 2.85 个百分点。

（二）同业存放大幅下降，买入返售资产增幅明显收窄

从同业资产的结构看，除银行基本的资金拆借往来以外，存放同业和买入返售均是拉低同业资产的主要源头。一是存放同业款项继续大幅下降。下半年，上市银行加速压缩存放同业资金规模。2013 年末，16 家上市银行存放同业款项余额为 2.65 万亿元，较 6 月末减少 7425 亿元，下半年整体降幅相当于上半年（–3106 亿元）的 2.39 倍。其中，四家大型商业银行存放同业款项规模减少 5048 亿元；其他上市银行减少 2377 亿元。二是买入返售资产增幅较上半年明显回落。

2013 年末，上市银行买入返售金融资产余额 5.37 万亿元，较 6 月末仅增加 392.4 亿元。其中，四家大型商业银行买入返售金融资产规模增加 150.7 亿元；其他中小银行增加 241.7 亿元。下半年在去杠杆压力下，全部上市银行买入返售资产增量仅相当于上半年的 7.07%。

与上半年多数银行加大买入返售资产配置不同，下半年各行买入返售资产配置策略出现分化，部分银行选择继续加大，如华夏银行、北京银行、交通银行、中国银行等，而民生银行、招商银行、工商银行、平安银行等均压缩或放缓买入返售资产配置。下半年买入返售资产总量增长放缓与预期的政策监管有关。

（三）中小银行大量压缩买入返售票据，为大幅增加买入返售信托受益权腾空间

从买入返售金融资产的结构来看，2013 年下半年银行对买入返售票据进行大幅压缩。2013 年末，16 家上市银行买入返售票据余额为 2.26 万亿元，较 6 月末减少 6905.4 亿元，与上半年合计新增 4626.1 亿元形成反差。另外，出于对非标资产高收益的追求，银行仍继续加大配置买入返售信托受益权。2013 年末，16 家上市银行买入返售信托受益权余额为 1.3 万亿元，较 6 月末增加 3802.6 亿元，增幅均高于 2012 年下半年（3671.8 亿元）和 2013 年上半年（2957.8 亿元）。

各行半年报数据显示，2013 年下半年大幅压缩的买入返售票据中，有 62% 的降幅源自除四家大型商业银行以外的

其他上市银行；与此同时，除中信银行外，其余股份制银行买入返售信托受益权的增幅均明显高于上半年，中小银行通过压缩票据为信托受益权腾挪增长空间。从 2013 年下半年监管效果看，虽然同业杠杆率有所降低，但是利益驱动下非标类同业资产仍呈猛增态势，风险隐患并未消除。

二、2014 年上市银行同业资产变化新特点

（一）买入返售金融资产激增，带动同业资产重启升势

2014 年一季报数据显示，2014 年 3 月末，16 家上市银行同业资产余额为 11.46 万亿元，仅年初 3 个月同业资产就激增了 1.25 万亿元，增幅显著超过 2013 年全年。由此，同业资产占总资产比重也由 2013 年末的 10.74% 升至 2014 年 3 月末的 11.42%。从结构看，买入返售金融资产成为一季度主要增长源，其增量占比达 75%；而存放同业款项和拆出资金仅分别占比 15% 和 10%。

（二）同业资产配置策略呈现分化，但仍有多数中小银行"赶抢进度"

2014 年初，监管部门已明确将"加强同业、理财和投资业务管理"作为全年的监管重点。在同业监管政策出台的强预期下，一季度各上市银行同业资产配置策略有所分化。例如，部分同业资产占比较高的银行（如民生银行、兴业银行），开始着力压缩买入返售金融资产规模；而另有部分同业资产占比较高的

银行（如华夏银行、平安银行），在同业非标配置方面依然较为激进；还有同业业务原偏保守的部分银行（如招商银行、浦发银行、中国银行、工商银行），勇赶监管出台前的末班车；同时，也有同业业务原偏保守的部分银行（如农业银行、交通银行），继续维持谨慎保守的配置策略。

由于一季度同业监管政策迟迟未落地，多数股份制银行及城市商业银行出于赶末班车的心理和行为，在同业监管新规正式出台前"赶抢进度"，抢先形成买入返售信托受益权的大额存量，导致一季度买入返售资产增速明显回升。值得关注的是，一直被视做同业业务风向标的兴业银行，在2014年一季度对买入返售业务显示谨慎。数据显示，3月末兴业银行买入返售金融资产余额为9583亿元，仅较2013年末增长4%；而其一季度的存放同业资金却有126%的增幅。这一方面与一季度市场资金面季节性紧张（主要是春节因素），兴业银行加大对收益较高的同业协议存款的配置有关；另一方面，兴业银行2014年以来风险偏好明显下降，一季度信托受益权相关科目（买入返售金融资产、可供出售金融资产和应收款项类投资）余额环比仅增长4%，慢于净资产8%的增速。

（三）应收款项成为安放同业非标投资新渠道，一季度增量创历史新高

2014年一季度，上市银行应收款项类投资高速增长。3月末，16家上市银行应收款项类投资余额为4.06万亿元，较2013年末增加5252亿元，是近年来增幅最显著的季度。从不同类型机构来看，2012年以前应收款项类投资的起伏主要由四家大型商业银行主导，且主要集中在债券等投资科目；进入2012年后，其他上市公司将越来越多的资金投向信托受益权和资产管理计划等非标产品，由此拉动2013年上市银行的应收款项类投资高速增长。

为应对2014年同业业务特别是非标资产投向监管可能趋严，2013年下半年银行有意压制买入返售资产规模扩张，"非标"转出银行同业科目，有利于银行降低同业杠杆。同时，应收款项类投资承接部分非标业务而呈现较快增长。2013年华夏银行、招商银行、中信银行同比增速居前，新增应收款项类投资均以非标资产为主。应收款项投资正逐步替代买入返售资产成为非标投资的重要渠道。在降低同业杠杆的压力下，未来应收款项类投资是否同买入返售金融资产呈现此长彼消的走势，将值得持续关注。

执笔：方晓炜

湖北省同业业务发展情况调查分析报告

中国人民银行武汉分行调查统计处

同业业务是指金融机构之间开展的以投融资为核心的各项业务，主要包括，同业拆借、同业存款、同业借款、同业代付、买入返售（卖出回购）等同业融资业务和同业投资业务。其中，资产类指标为拆放同业、存放同业、买入返售和同业投资；负债类指标为同业拆借、同业存款和卖出回购。近年来，湖北省银行同业业务快速发展，成为与银行对公业务、对私业务并列的三大主要业务之一，在当前银行业务结构中占据了越来越重要的地位。

一、全省金融机构同业业务发展基本情况

2014 年 6 月末，全省金融机构同业业务资产规模为 6470.5 亿元，比年初增加 958.87 亿元，同比多增 816.85 亿元；同业业务负债规模为 3420.58 亿元，比年初增加 412.15 亿元，同比多增 810.11 亿元。

（一）业务规模快速增长

近年来，全省金融机构同业业务快速发展。在过去三年间（2011 年 6 月至 2013 年 6 月），辖内金融机构同业业务资产、负债规模年均增长 52.53%、30.29%，比同期金融机构资产、负债总额的年均增幅分别高 34.4 个、12.15 个百分点。2014 年 6 月末，全省金融机构同业资产总规模比 2013 年同期增加 1581.38 亿元，增长 32.34%；比 2013 年末增加 1376.21 亿元，增长 27.01%；同业负债总规模比 2013 年同期增加 953.86 亿元，增长 38.66%；比 2013 年末增加 777.74 亿元，增长 29.43%。

（二）在金融资产负债总额中占比增加，同业资产规模大于同业负债规模

2014 年 6 月末，同业业务资产、负债在全省金融机构资产、负债总额中占比分别为 14.52%、7.9%，同比分别提高 2.02 个、1.5 个百分点，比 2013 年末分别提高 2.02 个、1.19 个百分点。

2014 年 6 月末，同业资产减去同业负债的数值为 3050.5 亿元（简称为资产

负债差），比 2013 年同期增加 599.05 亿元，比 2013 年末增加 628.1 亿元。同业资产规模大于同业负债，表明在开展同业业务方面，湖北省的银行是资金的净投放者。

（三）业务结构以买入返售和同业存放为主，呈现较明显的差异化特征

从湖北省同业业务的品种结构看（见表 1），资产业务以买入返售为主，负债业务以同业存放为主；呈现出较明显的差异化特征。

2014 年 6 月末，在同业资产业务中，买入返售资产、存放同业分别占 40.42%、29.79%，而同业存放、卖出回购资产分别占同业负债的 82.94%、8.98%，同业存放业务占主体地位。同业存款占比高于存放同业 53.15 个百分点，说明同业存款是银行筹措资金的主要渠道；而买入返售资产业务大于卖出回购资产业务 31.44 个百分点，说明买入返售资产业务是银行资金运用的主要渠道。

从买入返售（卖出回购）业务来看，差异化特征明显。在买入返售类业务中，买入返售票据占绝对主导，占比达到 67.74%，信托收益权类等产品也得到充分运用，占比 21%。在卖出回购类业务中，债券类业务占比 21%，说明商业银行通过债券正回购融入资金是比较普遍的做法。

（四）资金流动方向上，大型银行是资金提供者，并决定全省同业市场资金格局

从内部看，不同类型的银行存在较大差异。大型银行在同业市场上一直是资金的提供者，中型银行则是资金的需求者，但是规模并不大。以农业银行和兴业银行为例，2014 年 6 月末，农业银行同业资产负债差达到 756.39 亿元，且集中于买入返售（69.58%）和存放同业（10.41%），兴业银行同业资产负债差为 –27 亿元，且仅同业存放一项的差额就达到 –364.32 亿元。

表1　湖北省银行同业业务结构表

同业业务品种		规模（亿元）	占比（%）
同业资产	存放同业	1927.38	29.79
	拆放同业	312.01	4.82
	买入返售	2614.82	40.42
	同业投资	1616.28	24.98
	合计	6470.49	100
同业负债	同业存放	2837.01	82.94
	同业拆借	276.44	8.08
	卖出回购	307.12	8.98
	负债方合计	3420.57	100

二、127号文件出台后，同业业务变动趋势

（一）采取各项措施加强规范同业业务

2014年4月末，中国人民银行等五部委联合发布了《关于规范金融机构同业业务的通知》（简称127号文），文件出台后，各家银行各项采取措施落实了同业业务的管理规定，如农业银行湖北省分行出台了以下措施：一是对客户实行名单制管理，湖北省分行合作对手均为总行公布的名单制客户；二是制定了同业融资管理办法，严格按办法要求操作；三是所有业务均占用交易对手的授信额度，每笔业务控制在授信额度内；四是所有业务均经过总行审批；五是除票据业务外，所有同业合作协议均由省分行签署。

（二）交易对手主要集中于银行与银行同业之间，但占比有下降趋势

各家银行与省内外各类金融机构广泛开展同业业务，涉及银行、证券、保险、信托、财务公司、资产管理公司等。与银行开展业务为主，在同业资产和同业负债业务量的占比分别为87.89%和71.21%，同比分别下降2.11个和8.79个百分点（见表2）。

相对资产而言，金融机构在筹措资金来源（同业负债业务）方面，与非银行业金融机构开展业务较多一些，对证券、保险类机构形成的同业负债占19%。

（三）标准化同业资产规模上升；非标同业资产规模下降

买入返售债券和买入返售票据属于标准化同业资产，买入返售贷款和买入返售其他资产（包括信托收益权、信贷资产管理计划等）属于非标类同业资产。从变动趋势看，127号文出台后，买入返售债券和买入返售票据规模有所上升，

表2 湖北省同业业务交易对手分类统计表

	机构	规模（亿元）	2014年占比（%）	上年占比（%）
同业资产	银行	5686.77	87.89	90
	证券	92.38	1.43	0.1
	保险	12.58	0.19	0
	其他机构	678.76	10.49	9.9
	合计	6470.50	100	100
同业负债	银行	2435.95	71.21	80
	证券	206.11	6.03	9
	保险	455.57	13.32	3
	其他机构	322.94	9.44	8
	合计	3420.58	100	100

表3 湖北省银行买入返售（卖出回购）业务结构表

品种	规模（亿元）	占比（%）	较2014年4月变动（%）
买入返售资产	2614.82		0.82
买入返售债券	184.02	7.04	25.86
买入返售贷款	82.74	3.16	−5.51
买入返售票据	1771.30	67.74	0.45
买入返售其他资产	574.31	21.96	−6.09

分别上升25.86个和0.45个百分点；而买入返售贷款和买入返售其他资产均有所减少，分别比4月减少5.51个和6.09个百分点。

（四）总体来看，同业负债占银行负债总额的比例不高，部分占比较高的银行对于非标业务采取"旧业务到期结清，新业务不再开展"的方式压缩同业负债

2014年6月末，湖北省金融机构同业负债占负债总额的比重为7.90%，较上年末上升1.19个百分点，整体达到127号文件的规定（"单家商业银行同业融入资金余额不得超过该银行负债总额的三分之一"）。另外，据了解，近几年兴业银行同业负债占比一直偏高，2014年以来该同业负债的规模在不断萎缩，特别是文件出台后，规定在文件出台前开展的非标类业务到期后结清，该行对于非标业务采取"旧业务到期结清，新业务不再开展"的方式压缩同业负债，原有的40亿元非标同业业务还未到期，到期后结清，2014年不再续也不再开展新的非标业务，同业负债规模从5月末的477.37亿元下降至6月末的366.96亿元。

（五）非标类同业业务资金主要用于政府投融资平台

据调查，2014年上半年非标类同业业务主要用于政府投融资平台建设，基本没有用于房地产项目。由于武汉市房地产库存量较大，银行对房地产投资普遍较为谨慎，加之127号文规定（要求银行开展买入返售和同业投资业务不得接受和提供任何直接或间接的第三方金融机构信用担保），投到房地产项目风险更大，基本上没有银行愿意投资于房地产。

（六）同业市场资金价格变动情况

127号文出台后，同业市场回归传统资金，银行间市场转冷，银行间同业拆借加权平均利率从4月的2.72%下降到5月的2.56%，降幅为16个基点，6月受到IPO重启的影响，资金价格有所走高，6月银行间同业拆借加权平均利率上升29个基点至2.85%。

执笔：陈　锐　刘小二

商业银行同业资金转化为一般性存款模式中的风险

中国人民银行西安分行营业管理部货币信贷统计处

近年来，随着居民投资方式多元化、互联网金融的发展以及来自系统内部的考核压力，银行业存款资源的竞争日趋白热化。每逢月末、季度末的关键时点，存款变动往往表现出剧烈波动特征，对银行业的长期稳健经营带来不利影响。传统上，银行业时点存款归集的手段一般包括关系存款、理财存款、派生存款、营销存款等。关系存款即利用与客户之间的良好合作关系，通过集团企业内部资金集中或分散、财政资金提前或暂缓出入库的形式在关键时点留存银行体系。理财存款指银行通过技术手段设置理财产品起止日期，确保理财资金在关键时点沉淀于银行体系。派生存款指通过贷款发放而产生的存款。营销存款则大多以存款送礼品等形式吸收的储蓄存款等。但随着银行业存款竞争的进一步加剧，我们调查发现，一些商业银行为了迅速扩大存款规模，将同业资金倒手转变为一般性存款，这种做法在市场上日益增多，需要引起关注。

一、同业资金转化为一般性存款的典型模式

按照规定，信托、券商等的资金存入银行只能算做同业资金，不计入存贷比考核，而邮政储蓄机构、中资保险公司、养老基金、社保基金等资金存入银行按协议存款口径计算，可按一般性存款计入存贷比指标。因此，同业资金转化为一般性存款的主要中介通道就是上述机构，但一般以保险资产管理机构为主。其基本做法是：A银行用一笔资金投资保险资产管理机构的保险资产管理计划，而该保险资产管理计划的主要投资标的就是协议存款，保险资产管理机构只需将该笔资金存入需要资金的银行则完成了同业资金向一般性存款的转变。需要资金行可能是A银行本身，也有可能是其他银行。

图 同业资金通过险资管理公司转化为一般性存款示意图

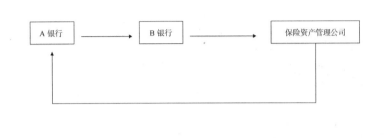

但在实际操作中，A银行为了模糊交易目的，往往会在交易结构中引入一家过桥银行B，其做法分为两种。一种做法是A银行将一笔资金存入B银行形成同业存放，这里A银行资金可以是自有资金，也可以是吸收同业的资金。同时，B银行和A银行签署协议，将该笔资金按照A银行的指示投资保险资产管理机构的保险资产管理计划，保险资产管理计划将该笔资金再投资于A银行的协议存款。另一种做法是A银行将一笔资金存入B银行，但不同之处是A银行并不与B银行签署协议，但B银行也会将该笔资金投资保险资产管理计划，并指定该计划投资于A银行的协议存款，同样完成同业资金向一般性存款的转变。

在这种模式下，B银行和保险资产管理公司由于配合了A银行，将获取一定的通道费用。一般来说，B银行的通道费用大致为20~50个基点（1个基点即1个百分点的1%），保险资产管理公司的通道费用大致为5个基点。如果A银行利用自有资金运作，除了自有资金成本外，在付出0.25%~0.55%的通道费后，即

可实现同业资金向一般性存款的转化。如果这部分资金来自同业市场，则相应的转化费用就变成了同业资金成本加上通道费用。由此可以看出，与传统的吸存手段相比，同业资金转变为一般性存款的费用较高，但银行之所以仍旧存在通过这种方式做大存款规模的强烈意愿，其原因就在于：一是这种模式下的运作资金数额较为巨大，能够很快实现使一般性存款增加的目的，同时，与其他时点性存款不同的是，这类存款期限较长，可由银行控制，不仅能够满足时点考核的需要，还有助于拉高银行日均存款；二是实际操作中保险管理资产计划的收益即A银行付出的利息成本一般会大于其转化费用，这部分多出的利息在资产管理计划结束后会进入B银行，B银行则将这部分收益以财务顾问费的形式返还A银行。因此，A银行在完成存款性质转变的过程中，还可实现收入结构的调节，即将利息支出转化为中间业务收入。

二、同业资金转化为一般性存款的风险

尽管从A银行的角度来看，同业资金通过保险资产管理公司转化为一般性存款的模式增加了其负债，改变了其收

入结构，但从监管与整个金融体系的角度而言，这一模式存在诸多操作瑕疵，其中隐藏的风险点需要高度关注。

一是具有明显的监管套利特征。同业资金通过险资管理公司转化为一般性存款的模式，主要利用了保险资产管理公司这一特殊机构作为通道，实现了存款性质的转变，具有明显的监管套利特征。

二是虚增银行业资产负债规模。同业资金通过倒手转变为一般性存款，在A银行的相关统计报表中，同时反映出存放同业和协议存款的增加，在B银行处也显示同业存款和投资类资产增加。但在整个过程中，两家银行的可用资金并未实质性增加，由此导致银行资产负债规模的虚增，资金出现空转。同时，对于保险资产管理公司而言，其仅仅充当了通道，并未有效运用保险资金。

三是账务处理或存瑕疵，掩盖信用风险。在存款性质转变的过程中，由于涉及购买保险资产管理计划或其受益权的投资行为，因此，在上述两种模式下，如果A银行与B银行签署协议，则A银行计提风险加权资产，B银行按委托投资对待；如两家银行没签署协议，则B银行计提风险加权资产。这时，意味着A银行通过付出通道费用占用了B银行的风险资产，但这种情况在实际中比较少见。原因就在于目前银行资本约束度都较强，一家银行不会仅仅为了通道费用而消耗资本，除非通道费用能够覆盖资本消耗的成本。因此，在实际运作上，银行为了降低风险资本的占用，往往通过账务处理来掩盖业务本质，以此减少资产风险耗用。例如，在第一种模式中，A银行在记账时不计入投资科目，而仍计入存放同业科目，仅占用20%~25%的风险资本，B银行则依据其与A签署的协议，说明购买管理计划的行为主体是A银行，因此B银行也不计风险加权资产，这就意味着A银行用较少的风险资产占用替代了投资类较高的风险资产占用，掩盖了资产风险。

四是资金反向运转存在操作性风险。按照正常的操作，保险资产管理公司应该先成立资产管理产品，再由过桥银行B去购买，但在实际情况下，保险资产管理公司和B银行不会为A银行进行垫资，这就造成整个资金的运动方向反向运作，即A银行先将资金给B银行，B银行再将资金给保险资产管理公司，再回流至A银行。要实现资金反向流转，必须保证该类业务在一天内完成操作，这就增加了其中的操作风险。

保本高收益是吸引企业和居民投资的首要因素

中国人民银行营业管理部调查统计处

2014 年 7 月，人民银行营业管理部就大额存单的投资、发行需求，对辖内 51 家企业（其中，20%的被调查企业经常购买理财产品，31%的被调查企业偶尔购买）、101 位居民（26%的被调查居民经常购买理财产品，49%的被调查居民偶尔购买）和 2 家法人银行进行了问卷调查。

一、多数企业和居民对大额存单具有投资需求，银行对大额存单发行态度积极

多数企业表示对大额存单感兴趣，其中非常感兴趣的企业有 6 家，占 12%；34 家表示感兴趣，占 67%；11 家企业表示不考虑，占 22%。多数企业将现金投资比例控制在 70%以下，其中，7 家企业考虑以 50%~70%的现金投资该类产品，占 14%；14 家企业考虑以 30%~50%的现金投资该类产品，占 27%；11 家企业考虑以 30%以下的现金投资该类产品，占 22%；8 家企业考虑以 70%以上的现金投资该类产品，占 16%。

绝大多数居民对大额存单感兴趣，非常有兴趣的占 18%，有兴趣的占 70%，仅有 12 人选择不会考虑。多数居民将现金投资比例控制在 50%以下，其中 47 人考虑以 30%~50%的资产投资该类产品，18 人考虑以 30%以下的资产投资该类产品，22 人考虑以 50%~70%的资产投资该类产品，仅有 2 人考虑以 70%的以上资产投资该类产品。

银行认为面向企业和居民发行的大额存单将增加银行主动负债的渠道，一方面有利于加强银行的资产负债管理，尤其是在银监会下发通知将银行对企业和个人发行的大额可转让存单计入存贷比分母项后，发行大额存单将有助于改善银行存贷比；另一方面有利于提高银行自主定价水平，增强银行应对利率市场化的能力。

二、保本高收益是吸引企业和居民投资的首要因素，银行认为流动性和相对高收益是大额存单的优势所在

如果购买大额存单，51%的企业最看重保本要素，35%的企业最看重收益率；与银行理财产品相比，53%的企业认为大额存单最大的优势是保本、保收益，25%的企业认为是在于其收益率高，10%的企业认为是在于其起点销售金额低，选择期限短和流动性高的企业仅各占6%。

居民最看重的要素是保本，其次是收益率，分别占62%、28%，其余依次是起点购买金额、流动性。与银行理财产品相比，69%的居民认为大额存单最大的优势为保本、保收益，其次依次是收益率高（19%）、起点销售金额低（8%）、流动性、期限短。

银行认为，现阶段的保本理财产品虽然收益高但不允许提前支取，也没有可转让的特点；而定期存款虽然可提前支取，但需要损失大部分的利息收入，且其本身收益率也不高。大额存单正是兼具了两者优势的综合产品，其相对较高的收益和较好的流动性将会受到客户的青睐。

三、银行柜台和网银是多数企业和居民认可的购买渠道，银行表示网银将是重要的销售渠道

94%的企业接受从银行柜台和网银

购买大额存单；71%的企业不会通过一家银行购买他行的大额存单；55%的企业认为大额存单50万元起售更合适；74%的企业倾向于购买期限为6个月以内的大额存单；61%的企业在购买大额存单时，主要与同期银行存款利率水平以及同期或相近期限国债收益率进行比较。

93%的居民能接受通过银行柜台和网银购买大额存单；60%的居民不会通过一家银行购买他行的大额存单；63%的居民认为大额存单5万元起售更合适；分别有44%、46%的居民倾向于购买期限为3~6个月、6~12个月的大额存单；在购买大额存单时，会与同期银行存款利率、国债收益率、银行理财产品收益率进行比较的居民分别占64%、55%、39%。

基于提高销售发行量考虑，银行希望开设较为广泛的大额存单销售渠道，从目前银行自身掌握的信息来看，网上银行是客户存款和购买理财的重要渠道，所以预计网上银行也将会是大额存款的重要销售渠道。起售金额决定了受众面的大小，从多吸引客户的角度出发，银行希望设定较低的起售金额门槛，如个人客户5万元起存、企业客户50万元起存。期限设计方面，考虑到利率波动时，期限长的存单转让时客户损失会较大，现阶段客户的风险承受能力有限，银行认为半年以内的期限设定较为合适。在风险和期限相同的情况下，由于大额存单的流动性高于保本理财产品，所以银行认为其收益率应介于保本理财和定期存款收益率之间。

四、质押融资和转让是企业、居民和银行共同偏好的功能，对提前支取和赎回功能的偏好存在分歧

59%的企业认为大额存单应该具有质押融资的功能，其中，73%的企业认为银行需要针对别的银行发行大额存单办理质押融资。对于大额存单是否需要设有转让功能，选择是和否的企业各占一半。在选择需要设有转让功能的企业中，企业最倾向的转让方式是在银行登记信息，由银行撮合交易，和在类似于股票交易所的市场上进行买卖；其次是由银行做市回收、自行寻找交易对象，由银行提供过户服务。84%的企业认为大额存单应该设有提前支取（客户主动发起）或赎回（银行主动发起）的功能，有一半企业更倾向于提前支取方式。

53%的居民倾向于大额存单应该设有质押融资的功能，其中，有83%的居民认为银行需要针对他行发行的大额存单办理质押融资。83%的居民认为大额存单应该设有提前支取（客户主动发起）或赎回（银行主动发起）的功能，其中，有60%的居民更倾向于提前支取。

银行认为质押融资和转让功能是大额存单的流动性优势所在，尤其是转让功能，不仅为大额存单提供流动性，还可以起到产品价格发现的作用，完善基准利率体系，为银行利率定价提供参考。基于此，银行建议建立统一的大额存单二级市场，为大额存单的转让提供便利。对于提前支取（客户主动发起）和赎回（银行主动发起）功能，与企业和客户的调查结果相反，银行从保护自身利益的角度出发，更倾向于赎回（银行主动发起）功能。

大额可转让存单业务对云南省商业银行的预期影响

中国人民银行昆明中心支行调查统计处

近期，中国人民银行下发了《大额存单管理暂行办法（征求意见稿）》（以下简称《征求意见稿》），正式将启动大额可转让存单提上日程。大额可转让存单（又称CD）是指银行为吸收资金发行的，可以在金融市场上流通转让的银行存款凭证。为了解未来CD业务对云南省商业银行的预期影响，我们对全省商业银行进行了调查。调查显示，商业银行普遍认为CD业务将对银行产生深远影响，总体来看，机遇大于挑战。

一、改变商业银行的负债结构、推高负债成本、增加负债的稳定性

由于CD具有与活期存款相似的高流动性特点，同时，其利率要高于普通定活期存款，必然吸引大批存款客户将存款转化为CD，降低商业银行低成本负债的比重，从而推高商业银行的负债成本。对单位存款而言，一些政府类存款，如财政存款和社保机构存款，由于顾虑资金的安全性和流动性，目前只能做类似活期存款的协定存款，一旦银行推出CD业务，由于CD具有银行信用作后盾，安全性较高，同时，兼具高流动性和高收益性，必然会导致这两类存款大量转化为CD，进而大幅推高商业银行的负债成本。对个人存款而言，CD的推出必然也会导致储蓄存款大量转化为CD，尤其是大量活期储蓄存款搬家至CD，而CD的利率必定高于普通储蓄存款，从而推高银行的付息成本。

虽然《征求意见稿》中规定CD可提前支取，但由于提前支取按活期计息，因此客户一般不会选择提前支取，而更愿意在二级市场转让或向银行质押贷款，这就使CD成为一种十分稳定的负债品种，大量存款转化为CD，会使负债结构更加稳定。

二、利差由相对固定转化为相对可变，倒逼银行转变盈利模式

目前，由于存款利率相对固定，资产端利率通过充分竞争后也相对固定，这就导致商业银行利差相对固定，造成商业银行通过单纯追求规模扩张就能提高盈利水平的盈利模式。而 CD 推出后，由于由商业银行自主确定利率，加之存在商业银行之间的竞争，业务发展到一定规模后，必然导致银行负债端利率可变，使得银行利差不固定。这样，单纯一味追求规模扩张必然会导致负债成本的持续上升，利差收窄，乃至亏损，迫使商业银行转变过去单纯追求规模扩张的老路，形成更加注重维持一定利差水平的盈利模式。

三、一定条件下，企业和个人的融资成本不会因 CD 业务的发展而大幅攀升

在目前市场资金总体供应充足且企业资金运用收益率不高的条件下，银行因大量发行 CD 而增加的负债成本无法大幅转嫁给企业和个人。这是因为大型企业可以通过其他直接融资渠道解决资金需求，同时，政策性银行在国家财政贴息支持下，也会对大型企业和国家重点建设项目提供低息贷款，对整个市场的资金价格起到稳定作用。商业银行为获取更高收益，只能开发中小微企业客户，与小额贷款公司和民间融资争夺能承受较高融资价格的中小微企业客户资源，而只有原本能承受高利率的中小微企业才可能成为商业银行新的客户资源。在目前市场资金总体不紧、房地产市场价格开始走低的条件下，个人住房抵押贷款的利率也难以获得向上攀升的空间。

四、银行发行 CD 的利差与发行理财产品大体相当

由于目前商业银行资金可投向的资产相对固定，发行 CD 和发行理财产品获得资金的收益率应大体一致。相比发行 CD，商业银行发行理财产品需要通过更多的环节，参与方更多，且各参与方都要分一杯羹，如信托和券商的通道费等。发行 CD 虽省去了理财产品需要的中间环节，但由于商业银行间的利率竞争，会使商业银行负债成本增加。增加的负债成本和取消的中间环节收费相抵消，发行 CD 的利差与发行理财产品的利差大体相当。

执笔：张 靖

国际光伏发电产业发展模式比较及对西藏的启示

中国人民银行拉萨中心支行调查统计处
中国人民银行山南地区中心支行课题组

西藏可再生能源资源十分丰富,是我国重要的战略资源储备基地。特别是太阳能资源是世界上最丰富的地区之一,太阳能辐射总量折合标煤约4500亿吨/年,居全国首位。太阳能利用率高,发展潜力大,推广应用前景广阔,易成为西藏特色支柱产业。怎样使太阳能资源优势转化为经济优势,并形成产业化、规模化,成为西藏可再生能源发展值得关注的问题。本文基于比较德国、美国和韩国三国及国内光伏发电产业发展模式,以占西藏光伏发电产业规模80%以上的山南地区为例,通过分析西藏山南地区光伏发电产业发展现状,根据西藏山南地区实际情况,探讨符合山南地区光伏发电产业发展的模式。

一、全球光伏发电产业发展现状

根据欧洲光伏产业协会最新公布的统计数据,2011年全球光伏发电安装量已经突破了27吉瓦,同比增长70%。全球范围内,有六个区域性市场在2011年新增装机量达到1吉瓦以上,分别是德国、法国、意大利、美国、中国和日本。2011年,全球累计安装量达67.5吉瓦,较2010年末的40吉瓦增长了70%。2011年总光伏能源输出量约为800千瓦时,可以覆盖全球超过2000万户家庭的年电力供应需求。

进入2013年,光伏发电产业装机容量继续增加,但增速有了明显放缓的迹象,预计2013~2016年,光伏发电产业将进入增速在18%~30%的范围内的稳定增长期。在区域分布上,我们可以明显看出光伏产业正从欧洲市场逐步向外延伸至以美国、日本、中国为首的新兴市场。目前,全球光伏产能已超过60吉瓦,而整体需求不到35吉瓦,需求与供给差距较大,出现产能过剩现象较为严重。近年来，受到欧债危机以及全球经济形势下行的影响，全球光伏产业进入发展的寒冬期。形势对于我国光伏发电产业更加严峻，国际"双反"调查和国内产能过剩，已经成为困扰国内光伏发电企业生存和发展的重要问题。

二、国内外先进模式

以德国为代表的"市场应用与技术创新并重"模式的主要特点为：（1）以政府补贴为主，全国范围内统一实行；（2）以居民端分布式光伏为主，分散投资和建设。德国是光伏市场应用与技术开发最早的国家。因其能源战略和环境规制的内在要求，德国最早推动了"屋顶计划"应用模式和规模化市场应用模式，并相继制订了一系列强有力的法案、规划和政策，以确保规模化市场应用和光伏作为替代性能源目标的快速实现，如《可再生能源法及修正案》、《全量固定价格收购（FIT）制度》和《2020光伏发展路线》等都是在全球范围内推动光伏发电市场应用最有力的措施。2011年，德国光伏装机容量已从2010年的6吉瓦上升到7.5吉瓦，成为国际主要的光伏应用市场。另外，政府扶持退出机制的实施也迫使企业加快技术创新，降低成本，而由政府推动、企业参与的"光伏创新联盟"平台则加强了企业核心技术攻关、新兴技术创新及其产业化发展。因此，市场规模化发展需求与产业技术优势的紧密结合，使德国成为光伏发电核心环节制造与系统集成发展最具优势的国家。

以美国为代表的"技术开发与产业化发展为主导"模式的主要特点为：（1）联邦政府和各州政策各有不同；（2）以大型公司主导建设，集中投资和建设。美国始终以技术研发作为光伏产业国际竞争优势的有力保障。美国是光伏研发资金支持力度最大、技术最为丰富的国家，其不但注重基础研究及新一代技术创新，强化新兴技术的孵化与产业化，更加注重大学和研究机构在突破性技术研发中的作用，以确保产业技术的世界领先地位。与此同时，光伏电力应用市场长期以来一直由各州政府自行负责推动，各州对光伏电力应用的支持力度、政策扶持、光照条件和电力零售价格等各不相同，从而使得金融创新、技术推广和新兴技术孵化形式非常丰富，各种新兴光伏技术都能得以应用并实现产业化发展。美国宽松的投资环境和优秀的人力资源吸纳了大量世界级光伏领袖企业在其国家设立研发和营销分支机构，使得美国光伏产业能够引领全球发展。2011年，美国装机容量达到3吉瓦，预示着美国光伏市场的正式启动。

以韩国为代表的"产业规模化与海外市场相结合"模式的主要特点为：（1）产业技术和成本横向一体化；（2）产业依赖海外市场。韩国光伏发电产业发展较晚。2004~2008年，以德国为代表的欧盟国家采取强有力的光伏扶持政策，推动光伏发电产业大规模市场应用，造成生产供给严重不足以及全球光伏产业链各环节价格整体飙升的局面。在此情况下，韩国企业开始大规模进入光伏发电产业。韩国的优势半导体技术，使其迅速成为太阳能级晶硅料产能扩张最快、价格最具竞争优势的国家。按照 2011 年新生效的可再生能源组合标准，2014 年以前年新增安装量也仅为 220 兆瓦。内需市场不足，促使韩国企业通过横向一体化，充分发挥产业技术优势和成本优势，积极扩大非洲和亚洲等海外光伏市场份额。

国内应用太阳能光伏技术始于 20 世纪 70 年代中期，80 年代得到了迅速发展，2000 年我国光伏产业开始涉足光伏并网发电，开始建造光伏并网示范系统。自 2004 年以来，在国际光伏市场尤其是德国、日本市场的强大需求的拉动下，中国的光伏产品生产能力迅速发展扩张，太阳能光伏发电产业呈现出井喷式增长的态势。

我国光伏发电产业的发展模式与韩国相似。近年来，我国光伏发电产业在国际市场机遇中实现了产业跨越式发展，但仍存在产业链各环节发展不均衡、关键技术和核心设备依赖进口、产品质量和可靠性有待完善、产品销售出口等问题，因此自主创新能力提升与国内应用市场培育协同发展是我国光伏发电产业发展的主要路径与动力机制。我国以最具典型的江苏光伏产业发展模式为例。2006 年，已有多家江苏企业积极涉足高纯硅生产的这一光伏发电产业链的源头，2002 年独立光伏电站在农村及边缘地区已实现了应用，凸显其在可再生能源中具有的重要地位。

三、山南地区光伏发电产业发展适用模式与展望

基于山南地区光伏产业发展实际情况，我们认为山南地区光伏发电产业发展适用模式应具备以下特点：（1）依托以政府补贴为主的西藏各项特殊优惠政策，全区范围内统一实行；（2）以园区基地建设为主，公司主导，集中投资建设。

目前，山南地区乃至西藏全辖能源建设重要任务为短时期内解决广大农牧民群众生活及部分生产用电问题。这也是 21 世纪中央全面建设小康社会以及自治区政府对实现西藏跨越式发展的要求和目标。山南地区农牧区村与村、户与户之间相距十几公里甚至上百公里，且住户稀疏分散，仅靠发展常规能源显然是不符合实际的。而光伏发电正好发挥其优势与特点，是短时期内结束农牧区无电历史的最好、最有效的技术措施和途径，随着西藏城镇太阳能的广泛利用，会加快农牧区推广应用光伏技术的普及。

课题组组长：罗布
课题组成员：强巴卓嘎　边巴卓玛
　　　　　　普布次仁

有色金属行业经营状况出现好转
——2014 年上半年湖南省有色金属行业监测分析

中国人民银行长沙中心支行调查统计处
中国人民银行郴州市中心支行调查统计科

中国人民银行长沙中心支行调查统计处对湖南省[①]33 家有色金属企业景气状况监测显示：2014 年上半年，有色金属行业经营状况出现好转，行业景气指数有所企稳，价格筑底回升，尤其是部分品种价格明显走强；国内市场需求增加，企业盈利能力开始改善；企业转型升级步伐加快，产业结构不断优化。但行业仍然面临较多问题和困难。

一、有色金属行业景气仍处低位运行，但价格企稳回升，盈利开始改善

（一）行业景气指数维持低位运行，但同比有所回升

二季度，湖南省有色金属行业景气指数为 43.4%，较一季度下降 0.6 个百分点，已连续 7 个季度处于 50% 以下的不景气区间，但较上年同期上升 0.8 个百分点。上半年，有色金属行业景气指数低位运行与国内经济下行、企业融资难度加大、出口需求减弱、固定资产投资力度减弱等因素有关。

（二）贵金属价格和基本金属价格出现反弹，小金属价格走势有所分化

二季度，湖南省有色金属综合价格指数为 1638.6 点，同比上涨 1.9%，比年初上涨 2.4%，呈现筑底企稳态势。不同类别价格走势出现分化，部分品种价格快速反弹。一是贵金属[②]价格明显回升。湖南省贵金属综合价格指数为 1693.4 点，同比上涨 8.6%，较年初上涨 8.7%。其中，黄金价格指数比年初上涨 11.1%，白

---

① 湖南省是我国有色金属之乡，白银、铋、锑、锌产量居全国第一，钨、铅、锡等产量居全国前列，十种主要有色金属产量合计占全国的 7.5%。人民银行长沙中心支行 2009 年起对湖南省有色金属行业开展定期监测（涉及 33 企业，其中大型企业 9 户、中型企业 10 户、小微型企业 14 户），2012 年开始编制"湖南有色金属指数"。该指数突出小金属、原产地等特色，较好地反映了有色金属价格走势和行业景气度。
② 监测的贵金属主要是金、银等。

银上涨 8.2%，地缘性政治冲突提升了贵金属的避险需求是本轮贵金属价格回升的重要原因。二是基本金属①价格小幅反弹。湖南省基本金属综合价格指数为1337.2 点，较上年同期和年初分别上涨3.9% 和 1.2%，其中锌价格受供需状况改善影响，较上年同期和年初分别上涨 7% 和 3.4%。三是小金属②价格总体回落，铋价格一枝独秀。小金属综合价格指数为2357.3 点，较上年同期和年初分别下跌10.2% 和 4.9%，其中钨、锑价格下跌较快，铋由于投资需求大幅增加，价格较上年同期和年初分别上涨 29.4% 和22.2%。

（三） 企业产销连续回落，但 6 月开始扭亏为盈

上半年，监测企业工业总产值和销售产值同比分别回落 7.9% 和 9.3%；二季度企业平均设备利用率为 77.9%，较上季度回落 2.3 个百分点。上半年，监测企业实现盈利 2.4 亿元，其中 6 月盈利 2.8 亿元，扭转了前 5 个月的亏损态势；6 月末企业亏损面为 30.3%，比 3 月末下降 12.1个百分点。6 月，随着产品价格企稳回升，企业盈利能力好转，恢复生产的企业增加。

二、 企业资金周转困难，融资问题突出，民间借贷风险凸显

（一） 企业应收票据显著增加，资金紧张程度加剧

6 月末，监测企业应收票据同比增长 132.2%，增幅比一季度末上升 16.5 个

百分点，处于近年来的较高水平；二季度销货款回笼指数为 47%，比上季度回落 4.6 个百分点；加之大部分小微企业融资难度加大，部分企业存货增加导致资金占用较多，企业资金总体状况仍然趋紧，其中有 41.6% 的企业认为资金紧张程度加剧。

（二） 银行贷款难度加大，成本提高

二季度，监测企业银行贷款获取指数为 33.3%，较上季度回落 1.5 个百分点，已连续 2 个季度回落，其中有 42.4%的企业认为获得银行贷款困难。监测企业银行贷款综合成本为 12% 左右，39.4%的企业反映融资成本增加，较上季度上升 3.1 个百分点，超过八成的企业反映融资成本偏高。

（三） 涉民间借贷企业多，民间借贷风险凸显

据调查，作为有色金属之乡的湖南郴州，其辖内 60% 以上的有色金属企业涉及民间借贷，民间借贷市场的月利息普遍为 1.5~3 分，少部分短期过桥借贷月利息甚至超过 4 分。目前，该市因民间借贷而导致企业面临破产的情况时有发生，如郴州永兴县某家有色金属企业民间融资 2 亿元，月利息 2 分，由于经营不善，财务负担过重，加之不能获得银行续贷，企业资金链发生断裂，面临破产风险，多家银行 3 亿多元贷款可能形

---

① 监测的基本金属主要包括铅、锌等。由于湖南省较少产铝、铜，因此该监测中的基本金属不包含铝、铜。

② 监测的小金属主要包括钨、铋、钼、锑。

成不良。

三、国内产品需求改善，企业库存走高

（一）内需明显改善，外需仍然疲软

二季度，监测企业国内产品订单指数为51.5%，比上季度上升10.6个百分点，国内需求明显增加。出口产品订单指数为47%，与上季度持平，较年初下降1.5个百分点，上半年监测企业出口同比减少44.5%，外需仍然疲软。进口同比增长15.7%，主要是企业原材料过度依赖进口，如铅锌冶炼原材料60%依赖进口，铋生产原材料70%依赖进口。

（二）企业库存走高

6月末，监测企业产成品和原材料库存分别同比增长25.8%和11.1%。二季度，企业产成品存货指数为57.6%，较年初上升4.6个百分点，而原材料存货指数虽然较年初回落3个百分点，但依然保持较高水平。随着有色金属价格企稳回升，企业生产规模逐步扩大，补充库存意愿增强，尤其是铋、镍、锌等品种价格快速上涨，部分企业囤货待价而沽，投资需求增加。

四、预计下半年行业景气逐步好转，价格震荡反弹，不同品种有所分化

（一）行业预期景气指数回升

监测企业对三季度有色金属行业景气预期指数为47.3%，较上季度回升3.9个百分点。其中，企业对总体经营状况、市场需求、资金周转、盈利、价格、投资、设备利用等指标的预期指数较上季度明显上升，而对原材料和产成品存货水平的预期指数则继续回落。总体来看，企业对下半年经营形势较为乐观。

（二）预计下半年有色金属价格将继续反弹，但不同品种价格将有所分化

监测企业对三季度产品销售价格预期指数为51.5%，较上季度回升13.6个百分点，仅有18.2%的企业认为三季度产品销售价格下降。随着国内系列微刺激政策效果逐步显现，加之世界经济总体保持复苏态势，预计下半年有色行业需求端将出现明显改善，有色金属价格预计将继续反弹。考虑到各类有色金属供需情况的差异，不同品种将有所分化，其中基本金属价格预计延续上涨，贵金属价格弱势震荡有所反弹，小金属价格走势分化明显。

执笔：盛朝辉　吴玉梅　李月辉

稀土行业"阵痛"中转型

——2014年一季度赣州市稀土行业监测报告

中国人民银行南昌中心支行调查统计处
中国人民银行赣州市中心支行调查统计科

赣州市是著名的"稀土王国",采矿权证数量占全国的2/3,主营业务收入超过全国的50%。鉴于赣州市稀土在全国的重要地位,2008年金融危机后,人民银行赣州市中心支行联合稀土协会、工信委、6个稀土资源丰富的县支行等相关部门,逐步建立完善了稀土特色行业监测制度①。监测显示,稀土价格经历了近三年的下跌期,目前仍呈震荡回落态势,致使赣州市稀土行业遭受冲击,并在"阵痛"中艰难转型升级,在此过程中,企业资金链趋紧,"融资难"问题有所加剧,预计年内稀土价格仍呈低迷态势,业内期待政策回暖。

一、稀土价格低位徘徊,国际市场长期低迷

监测结果显示,稀土价格经历了过山车式的涨跌,价值较高的中重稀土价格的涨跌幅高于轻稀土,其价格形成机制,未能体现出中重稀土的稀有性。

1. 复苏期(2008年6月至2011年2月):经历金融危机后,稀土价格持续小幅上涨,呈现出复苏态势。2011年2月,监测的金属钕、普钕合金、氧化镝三种产品价格分别为43万元/吨、36.7万元/吨、2100元/公斤,分别为2008年6月的1.89倍、1.89倍、3.13倍。

2. 调控期(2011年3~7月):2011

---

① 监测制度包括物价监测、行业监测以及分析报告三部分。物价监测主要监测了金属钕、普钕合金和氧化镝三种稀土产品,其中金属钕、普钕合金是用途最为广泛的轻稀土产品,氧化镝属于中重稀土氧化物,价值较高,非常稀有,具有赣州特色。行业监测主要依托人民银行月度经营报表和景气调查调查问卷,对11家稀土企业开展调查,监测企业全部为规模以上企业,占全市稀土规模以上数量的16.18%,2011年主营业务收入曾达到全市稀土行业的38%以上,具有较强的典型性和代表性。分析报告则分为定期和不定期报告,定期报告按季度开展分析,形成专题调查分析报告;不定期报告是指行业形势发生较大调整变化和突发情况时,以情况快报的形式及时反映。

年，从国家战略的高度，政府密集出台了多项稀土调控政策，影响了市场的预期心理，带动稀土价格疯狂上涨。2011年7月，金属钕、普钕合金、氧化镝三种产品价格到达顶峰，分别为210万元/吨、170万元/吨、12250元/公斤，分别是上年末的6.09倍、6.07倍、8.81倍。

3. 消化期（2011年8月至2012年9月）：8月以后，市场开始消化国家的稀土调控政策，稀土价格随之进入暴跌期。金属钕、普钕合金、氧化镝三种产品价格从最高峰跌至2012年9月的52万元/吨、45万元/吨、3450元/公斤，分别比最高峰值下跌75.24%、73.53%、71.84%。

4. 低迷期（2012年10月以来）：稀土市场进入低迷时期，价格持续保持平稳，呈现出小幅波动的态势。2014年2月金属钕、普钕合金、氧化镝三种产品价格都有小幅反弹，但随即开始下跌，至2014年4月末分别为41万元/吨、42万元/吨、1663.33元/公斤，比2012年10月下跌6.82%、上涨27.27%、下跌33.47%。价值更高的中重稀土产品氧化镝的跌幅最大，从价格波动上看，未能体现出中重稀土的稀缺性。

（二）稀土价格低迷的原因分析

1. 从供给方面看，国内外稀土供给都有所增加。一方面，国际供给明显增加，受中国稀土政策性调控影响，国际稀土开采量不断增加。据美国TMR公司跟踪研究，美国、澳大利亚、印度等37个国家的261家公司正计划投资429个稀土项目，预计对国际市场造成较大冲击。如美国开采了保有储量为5000万吨

的稀土矿山，该矿山是仅次于内蒙包古包头白云鄂博矿的全球第二大轻稀土矿，带动其稀土出口量逐年攀升，与中国出口量的差距不断缩小，全球出口量占比从2007年7.84%到2013年的35.00%。另一方面，私采、盗采导致国内供给量增加，虽然国内加大了稀土开采的整治力度，但私采、盗采始终屡禁不止，对市场形成了一定的冲击。据分析，私采、盗采屡禁不止的主要原因是立法滞后。目前对私采、盗采的主要处罚依据就是《矿产资源法》，该法于1996年修改，对于部分企业的违法收购、超计划生产存在法律盲区，对其处罚缺乏相应的法律依据，因此，对私采、盗采等现象难于遏制。

2. 需求方面，国内外需求则有所下降。一是全球经济复苏缓慢，导致日本、欧洲等主要消费国对稀土需求量下降。据联合国商品贸易网数据显示，2013年全球前七大稀土消费国的进口量为7078.93吨，比金融危机前（2007年）下降了5636.61吨，降幅高达44.33%。二是中国对稀土行业的调控，使得稀土消费大国主动削减了对稀土的需求。以日本为例，其作为全球最大的稀土消费国，在中国对稀土开始调控后，主动降低了许多稀土应用产品的稀土用量，减少幅度都在一半左右。三是行业转型升级导致对稀土需求减少，以照明行业为例，目前LED灯已逐步替代了节能灯，但是其对稀土的消耗量仅是后者的1/10，导致稀土需求不断减少。

二、赣州市稀土行业在"阵痛"中转型升级

在市场行情低迷、行业不景气的弱势格局下，赣州市稀土行业遭受订单下降、开工不足等"阵痛"，并在"阵痛"中艰难转型升级。

（一）企业订单下降，主营业务收入持续减少

受市场低迷的影响，稀土行业整体处于供大于求的市场之中，2014年一季度产品市场需求指数仅有49.63，同比和环比分别下降了0.18个和0.09个点，其中有63.63%的企业认为目前企业产品市场饱和，供大于求的情况充斥。监测数据显示，目前国内外市场情况均不容乐观，但国际市场相对更弱，2014年一季度，11家监测企业共实现出口额197万美元，同比下降16.53%。订单下降造成企业销售疲软，在2013年主营业务收入大幅下降30%的基础上，2014年持续下降，一季度主营业务收入为11.19亿元，同比下降0.46%。

（二）开工严重不足，用工水平下降

目前，赣州市稀土企业普遍开工率不足，基本维持在50%左右，尤其是产能过剩较为严重的稀土分离环节，开工率甚至低于40%。监测企业中，有3家龙头稀土分离企业，其中有1家企业几近停产，另外两家的产能利用率分别为20%、15%，整体开工率较低。企业开工不足导致其用工量不断减少，一季度实发工人工资6098万元，同比下降

13.67%，尤其是一线员工工作时间变动情况更为明显，其平均周工作时间减少的企业提高到了45.45%，较上季度提高了11.11个百分点，周工作小时数也较上期减少了近5个小时。

（三）企业投资增加，主要用于产业转型升级

市场行情不景气，环保要求提高，逼迫企业转型升级，企业投资意愿持续回升，行业整合力度加强。2014年一季度，监测企业固定资产净值同比增长16.31%，在建工程同比增长6.14%。据调查，企业投资用途主要是产业转型升级：一是延伸产业链主要用于提高对原材料的综合利用率以及向下延伸产业链，涉及金属冶炼及终端应用等下游产业。二是兼并重组，2014年国家已经原则上同意由赣州稀土集团牵头组建中国南方最大的稀土集团，该集团以稀土原矿生产为基础，计划整合多家分离企业及稀土材料应用企业。三是新产品研发。据所监测的某稀土应用企业反映，目前该公司正着手研发精密阀门器件，投资巨大，但一旦研发成功，则填补国内空白，市场前景广阔。

（四）受益去库存化和苏区振兴政策，企业盈利水平回升

为了扭转需求不振、收入下降的不利形势，企业不得不进行去库存化管理，加之苏区振兴减税政策的实施，致使盈利水平有所回升。2014年一季度，监测企业终结了连续7个季度净利润同比下跌的趋势，实现净利润3107万元，同比增长26.25%。一是加强去库存化管理，

一季度企业存货为29.67亿元，同比下降1.07亿元，降幅3.47%。调查显示，多数企业目前都是根据销量生产，存货积压不多。还根据订货量及稀土现货价格等因素，每周对稀土产品价格进行预测，按预测结果购进原材料。监测数据显示，一季度企业进口总额同比减少14.24%，原材料同比减少21.98%，目前已逼近3年来的最低点。二是苏区振兴减税政策影响，2014年赣州市稀土企业享受西部大开发政策，所得税率由25%降至15%。

三、预计年内将维持弱势格局，期待政策提振稀土价格回暖

受全球经济复苏缓慢影响，稀土需求量减少，预计2014年内稀土价格将仍然维持小幅震荡的弱势格局。据监测企业和地方政府相关部分反映，期望多项政策尽快落地，提振稀土价格有回暖。

1. 国家或将推出稀土收储政策。目前国家物资储备局已经与6大稀土集团签订了稀土收储协议，据赣州业内认识估计，如果收储一旦实施将会带动稀土价格上升15%左右。

2. 资源税或将提高。据悉，国家税务总局、工信部、财政部等部委都正在讨论和酝酿再度提高稀土资源税，估计下半年出台。通过提高稀土资源税税率，从源头上提升稀土的市场价格，使之体现出资源的稀缺性与开采的环境成本，并通过价格的上升改变供求关系，有效减少走私与其他国家购买囤积稀土现象，同时有助于减少因为世界贸易组织败诉对我国稀土管理带来的负效应。

3. 组建大型企业集团。为提高稀土的市场化程度，减少政策层直接干扰稀土本来的市场属性，国家加速对稀土行业的整合力度，拟成立六大稀土集团公司，进行市场化运作。预计六大稀土集团公司组建成立后，会提高我国稀土出口的国际话语权，价格也会随之上升。

执笔：杨庆明　李　贞
赵书源　蔡财兴

广西食糖增产减收

——2013/14 榨季广西制糖行业监测报告

中国人民银行南宁中心支行调查统计处

2013/14 榨季，广西制糖行业实现了食糖产量 5 连增，但由于糖价持续下滑，制糖企业普遍存在增产不增收的情况，行业连续两年亏损。人民银行南宁中心支行对广西 5 个主要食糖产区的 15 家糖企、35 户蔗农开展了问卷调查，并结合广西工业企业景气调查中的制糖企业（以下简称制糖监测企业）监测数据进行分析，结果显示：当前食糖销售形势严峻，蔗农及糖企经营效益大幅下降，制糖行业中企业经营恶化、周转资金趋紧、融资难以及蔗农弃种增加等问题逐渐出现，广西制糖行业稳定生产受到了冲击。

一、2013/14 榨季广西蔗农及糖企生产情况

（一）种植成本不断上涨，甘蔗收购价逐年调低，蔗农种植效益不断收窄

甘蔗种植成本连年上涨。从广西甘蔗 5 个主产区 35 户蔗农问卷调查来看，

2013/14 榨季平均每亩甘蔗种植总成本为 2047.95 元，分别较 2012/13、2011/12 两个榨季上涨了 170.94 元、339.53 元，涨幅为 9.11%、19.87%。从各项成本占比看，蔗种、肥料、农药、地租、人工分别占种植成本的 8.29%、19.73%、3.80%、14.72%、46.57%，除蔗种、肥料成本比较稳定外，农药、地租、人工成本涨幅较大，每亩分别达 78 元、301 元、954 元，分别较上榨季上涨了 5.24%、8.94%、17.83%。值得关注的是，由于规模化、机械化程度低，人工成本占到了甘蔗种植成本的 50%，且人工成本增长快，2013/14 榨季每亩人工成本分别较 2012/13、2011/12 榨季上涨了 17.83%、28.81%。

甘蔗收购价逐年下调。由于食糖价格连续 3 个榨季大幅下降，广西甘蔗统一收购价随之逐年下调，2013/14 榨季广西糖料蔗收购首付价为 440 元/吨，分别比 2011/12 榨季、2012/13 榨季首付价低

60 元/吨、35 元/吨，甘蔗统一收购价 3 连降。

种植效益大幅下降，弃种现象增加。在甘蔗种植成本不断上涨而收购价逐年下调的情况下，甘蔗种植收益明显下降。以 2013/14 榨季 440 元/吨的甘蔗收购价计算，每亩（平均亩产 5.898 吨）种植收入为 2595 元，刨除 2047.95 元每亩的种植成本后收益仅为 547 元，分别比 2011/12 榨季、2012/13 榨季减少了 382 元、146 元，降幅为 41.12%、21.07%。由于减收明显，蔗农弃种面积增加，广西蔗糖主产区预计 2014 年糖料蔗种植面积为 1480 万亩，同比减少 100 万亩左右，预计甘蔗产量减少 600 万吨左右，食糖供应减少 70 万吨以上。

（二）制糖成本虽有下降，但因糖价持续下滑，糖企经营亏损不断扩大

制糖成本持续下降。15 户制糖企业调查数据显示，2013/4 榨季企业平均每吨食糖生产成本（不含税）为 4279 元，分别较 2012/13、2011/12 榨季下降了 5.96%、7.96%。从成本结构来看，原料蔗成本、人工成本、辅料成本占比分别为 79.86%、4.20%、4.01%，平均每吨食糖生产成本（不含税）中原料蔗成本、人工成本、辅料成本分别为 3417.37 元、179.53 元、171.58 元，分别较上榨季下降了 8.98%、9.77%、7.63%。而每吨糖中平均人工成本下降，并不是由人工工资成本下降导致，而是由于本榨季广西产区食糖产量大幅增加、企业员工数量基本稳定，从而单位人工成本出现下降。

企业总体成本支出减少。随着甘蔗收购价不断下调，制糖企业的主营业务成本出现下移，截至 2014 年 4 月末，制糖监测企业主营业务成本比同期减少 5.14 亿元，同比下降 12.19%，同时企业"三费"也有所减少，销售费用、管理费用、财务费用同比分别下降了 5.16%、3.55%、8.97%。

效益持续下滑，行业亏损程度加深。由于糖价跌幅大于成本降幅，企业销售收入下滑，出现增产不增盈的情况，截至 2014 年 4 月末，制糖监测企业主营业务收入比同期减少 7.71 亿元，同比下降了 15.71%，净利润为 -1.77 亿元，同比增亏 1.18 亿元，其中 10 家糖企同比增亏，增亏比例高达 70%。2012/13 榨季广西辖内还有来宾市、崇左市和百色市三个产区盈利，到 2013/14 榨季广西全辖的糖厂普遍亏损，全行业连续两个榨季亏损，且亏损程度扩大。

二、当前制糖行业存在的问题

（一）糖价持续低迷导致糖企经营恶化

食糖价格维持低迷预期。5 月，广西企业商品交易价格监测的 7 家重点制糖企业白砂糖平均价格 4728 元/吨，环比基本持平，同比下降 13.53%。由于食糖进口快速增长对国内食糖销售的挤出效应明显，国内食糖价格从 2011/12 榨季最高点的每吨 7000 元跌落至当前的 4700 元，糖价下跌幅度大、持续时间长。在当前的糖价下，企业食糖销售存在不同程度亏损，惜售情绪增加导致糖价出现寻底趋势，糖价再现大幅下跌预期不高；

同时，由于进口持续增长、国内食糖连年增产，国内市场糖源充裕，糖价也不具备大幅回升条件，食糖价格维持低迷预期。

产销衔接不畅，行业经营状况指数为近三年最差。2014年二季度，制糖监测企业产品市场需求指数仅为9.38%，企业对当前食糖销售形势普遍不看好。由于销售顺畅度下滑，销售亏损情况严重，制糖企业经营普遍困难，行业经营状况持续恶化，行业总体经营状况指数从2012年一季度的84.38%持续下滑到2014年二季度的31.25%，指数创下了近三年来最低。

（二）企业资金周转趋紧，融资难问题逐渐显现

企业资金周转紧张，"三角债"现象增加。二季度，制糖监测企业资金周转指数为40.63%，较同期下降了12.47个百分点，其中销货款回笼指数下降了12.5个百分点，截至2014年4月末，制糖监测企业应收票据余额3.8亿元，同比增长了12.58%，应付账款余额为34.45亿元，同比增长15.07%。企业食糖销售回笼资金下降，销售拖欠现象严重，导致制糖企业资金周转吃紧，应付款项增加。

银行放贷趋谨慎，融资难问题逐渐显现。由于糖价下跌、糖企持续亏损，作为广西优势行业的制糖行业贷款获得性明显下降，不再有银行主动联系放贷的局面，企业获取银行信贷难度加大，二季度，制糖监测企业银行贷款获得指数34.38%，同比下降了25个百分点。

（三）群体性挤兑甘蔗款现象发生，企业甘蔗款兑付下降值得关注

因为糖企经营困难、资金周转紧张，截至2014年4月末，广西仍有60亿元甘蔗款未兑付，约占全部甘蔗款的19.31%。另据5月初人民银行南宁中心支行对崇左、来宾、贵港、百色、柳州、河池6个主要甘蔗产区的调查数据显示，截至4月20日，6市糖企蔗款兑付率74.25%，同比下降7.69个百分点。当前甘蔗款欠兑付余额仍然较大，且部分主产区出现群体性挤兑现象。当前三大因素影响企业兑付资金筹集，一是企业资金吃紧，甘蔗款兑付资金减少。二是企业惜售挤占兑付资金。糖企销售有亏损，不同程度存在惜售情绪；同时，在即将进行的300万吨食糖临时收储中，收储价格为每吨5100元，收储价格与企业成本基本接近，且按份额直接分配到企业，企业交储意愿高，主动增加食糖库存而占用较多资金。三是当前企业融资欠顺畅，影响兑付款资金的融入。

执笔：李 佐 黄 敏

山西省煤炭企业转型发展研究

中国人民银行太原中心支行课题组

国家发展改革委于 2010 年 12 月 13 日正式批复设立"山西省国家资源型经济转型综合配套改革试验区",为山西摆脱产业结构单一的现状、转变过度依赖煤炭产能的增长方式提供了全新的机遇。

一、煤炭企业转型的必然性

(一)煤炭资源面临枯竭。

山西省从新中国成立以来到 2006 年,用 57 年的时间煤炭年产量首次突破 5 亿吨,而从 2006 年到 2012 年,仅用 7 年的时间就突破了 9 亿吨,直逼 10 亿吨大关。到 2015 年,全省煤炭实际产能约为 11 亿吨/年,上年年产量已经达到 9.13 亿吨,山西省煤炭产能规模增加的空间十分有限。

(二)产业结构不合理,生产方式粗放

山西省产业结构以能源、原材料为主体,产业结构初级化现象十分突出,初加工产品多,深加工、精加工产品少,高技术含量、高附加值产品少;小规模产品多,有规模的产品少;普通的产品多,优质名牌产品少。这种产业初级化的现象导致了山西省产业始终处于产业链末端,产业竞争力薄弱。

(三)煤炭企业产值、利润下降

一是煤炭行业生产疲软,价格持续下跌。2013 年,山西省原煤生产 96256 万吨,同比增长 5.3%。价格方面,省属五大煤炭集团吨煤全年平均综合售价 450.64 元,同比减少 89.97 元,下降 16.64%。二是煤炭效益大幅下降。2013 年山西省煤炭行业累计完成利润 45.75 亿元,同比减少 77.10 亿元,下降 62.67%。三是煤炭企业负债率高企。截至 2013 年 11 月末,规模以上煤炭企业资产负债率为 63.5%,同比上升 3.35%。四是企业应收账款居高不下。截至 2013 年末,全省煤炭行业应收账款余额为 794 亿元,较年初增加 175 亿元,增长 28.2%,占规模以上工业企业应收账款的 37.9%。

二、煤炭企业转型现状

（一）煤炭企业对转型发展认识趋于理性，形成共识

参与调查的 30 户煤炭企业问卷调查样本中；56.6%的企业认为"转型发展可促进低碳社会建设"；56.6%的企业认为"转型发展可提高煤炭企业经济效益"；50%的企业认为"转型发展可改善当地经济结构，实现经济新跨越"；46.6%的企业认为"转型发展可提升煤炭行业发展质量"；23.3%的企业认为"转型发展可保障国家能源安全"。

（二）煤炭企业转型日益成为企业自觉行动

问卷调查显示，30 户煤炭企业中，53.3%的企业认为"煤炭企业转型的主要方式为企业自主"；20%的企业认为"煤炭企业转型的主要方式为政府主导"；13.3%的企业认为"煤炭企业转型的主要方式为市场引导"。

（三）转型煤炭企业产业格局由以煤炭为主向煤基多元化发展

宏观环境的多变性和煤炭资源的不可再生性，决定了多元化是煤炭企业转型的重要方向之一。多元化战略是煤炭企业扩大规模、分散风险、提高核心竞争力的有效手段。问卷调查样本显示，30 户煤炭企业中：选择煤基产业链产业的最多有 16 家，占煤炭企业的 53.3%；其他依次是从事汽车、酿酒、光伏玻璃等制造业、兴办酒店、宾馆等住宿和餐饮业、转产投资房地产业、兴办小额贷款公司金融业、种养殖专业合作社、物流、仓储等。

（四）煤炭企业科技含量有所提升，加速企业转型发展

问卷调查显示，30 户煤炭企业中，60%的企业认为"有利于煤炭产业转型发展，延伸产业链"；60%的企业认为"企业机械化程度提高，科技含量上升，有利于煤炭装备制造业的提升"；53.3%的企业认为"煤炭资源回收率和循环利用率、原煤洗选加工率、主要污染源治理达标率、煤层气（瓦斯）抽采和利用量有所提高"；20%的企业认为"有利于更好的引进资金"；10%的企业认为"有利于引领全国煤炭价格，存在生产、外销优势"；10%的企业认为"有利于形成规模效应"。

三、煤炭企业转型发展中存在的问题

（一）转型项目效益尚未显现

煤炭企业经过整合后，整体经营实力增强，产业集中度提高，资金优势、技术优势得以增强，但由于转型项目属于新上项目，起步晚，所需资源、技术、资金一时未能得到较好满足，导致转型项目效益未能及时体现。

（二）煤炭企业转型仍存多种内在制约因素，亟须多方努力突破瓶颈

据对 30 户煤炭企业问卷调查显示：33.3%的企业认为"制约煤炭企业转型发展的因素是开发利用程度低"；73.3%的企业认为"制约煤炭企业转型发展的因素是产业链条短、规模小、高端产品

少"；53.3%的企业认为"制约煤炭企业转型发展的因素是人才缺、创新能力不足"；53.3%的企业认为"制约煤炭企业转型发展的因素是资金不到位"。

（三）建设用地审批与政府职能提升成为制约煤炭企业转型的外在关键环节

问卷调查中，煤炭企业转型发展中多数转型企业反映所需建设用地受制，政府职能部门办理手续时间长、环节烦琐、工作效率有待提高，比如某煤焦企业申请一个转型项目所需审批项目部门签章较多、环节复杂，从申请到批复少则一个月，多则半年，企业感觉疲惫。问卷调查显示，53.3%的企业认为应"建设用地审批"成为制约转型发展的主要因素；认为"政府职能部办理手续应提高工作效率"的占46.6%。如长治经坊煤业有限公司延伸项目"综合利用煤矸石制造年产36万吨超细矿物纤维项目"，预期实现销售收入14.4亿元，上缴利税2800万元；省发展改革委已立项，土地、环评正在办理之中，项目建设用地审批成为制约煤炭企业转型的"绊马索"。

（四）煤炭企业转型融资渠道窄，资金需求主要靠金融部门

问卷调查显示，30户煤炭企业中，80%的企业认为"煤炭企业转型发展资金来源靠银行借款"；13.3%的企业认为"煤炭企业转型发展资金来源靠民间融资"；6.6%的企业认为"煤炭企业转型发展资金来源靠股权融资"；6.6%的企业认为"煤炭企业转型发展资金来源靠招商引资"，仅有3.3%的企业认为"煤炭企业转型发展资金来源靠证券融资"。

四、煤炭企业转型展望

2014年，山西省提出重点培育煤化工、装备制造两大支柱产业推动经济转型升级。

（一）大力发展煤化工产业

拟按照"苯、油、烯、气、醇"五条特色发展主线，围绕高硫高灰熔点劣质煤的高效清洁利用，加快并大力发展煤制油、煤制烯烃、煤制天然气、煤制乙二醇、煤制芳烃等现代煤化工产业。

（二）在产业链延伸方面

延伸拓展煤焦油加工，焦化粗苯精制，焦炉煤气、煤层气深加工等特色煤化工产业，优化提升化肥、甲醇、乙炔化工等传统煤化工产业，形成现代煤化工为主导，传统煤化工为基础，精细化工、化工新材料为特色的产业格局。

（三）在产业布局方面

建设晋东、晋中、晋北三大各具特色的煤化工产业基地，培育壮大企业集团，推进煤化企业深度联合。

课题组组长：赵志华
课题组成员：毛德君　张育春
　　　　　　范莹（执笔）霍海龙

金融支持贵州省旅游业发展情况的调查

中国人民银行贵阳中心支行调查统计处

人民银行贵阳中心支行积极引导全省金融机构加大旅游行业的信贷资金投入，支持贵州省旅游业做强做大，但存在旅游业软、硬件建设不足、融资渠道单一、缺乏有效抵押担保品和旅游业金融授信评级等问题。

一、基本情况

（一）贵州省旅游业发展情况

一是贵州省旅游业主要指标增速位居全国前列。2013 年，全省实现旅游总收入 2370.65 亿元，比上年同期增长 27.4%，高于全国平均水平 13.4 个百分点，增速排名列全国第五位。

二是假日旅游经济效益明显。以春节、清明节、五一节、端午节、中秋节及国庆节为代表的假日旅游实现收入 232.3 亿元，比上年同期增长 17.5%。

三是乡村旅游成为农民增收致富的新途径。2013 年全省乡村旅游共接待游客 9800 万人次，比上年同期增长 18%，实现乡村旅游收入 430 亿元，比上年同期增长 28%。

四是重大会展活动推动旅游经济纵深发展。2013 年成功举办中国国内旅游交易会，签订旅游组团合同金额达 6.05 亿元，推出"十大少数民族节庆"等旅游产品、"贵州漂流季"等主题旅游线路，旅游交易会示范效应辐射全省，全面展示贵州"国家公园省"新形象。

（二）金融支持旅游业发展情况

一是贵州旅游业建设资金主要来源于银行贷款。2013 年，贵州省投入旅游景区建设的资金达 1139.47 亿元，从资金来源结构来看，国债、省级财政拨款、银行贷款、自筹及其他等五个部分，分别占旅游业资金投入总额的 12.7%、1.8%、59.7%、16.2%、9.6%。

二是金融机构积极探索抵押担保方式，开办以旅游企业经营收益权和门票收入等质押贷款业务，加大对旅游景区建设的信贷资金投入。2013 年，全省金融机构向旅游业发放固定资产贷款 223.6 亿元，比上年同期增长 10.2%，主要用于旅游景区基础设施和景点改造。

三是旅游贷款期限以中长期为主，贷款质量较高。2013年投向"100个旅游景区"建设项目的银行贷款中，中长期贷款占比67.2%，比上年同期增长18.6个百分点。同时贷款质量有所改善，不良贷款率由2012年的1.6%下降到2013年的1.2%。

四是大力改进旅游景区的金融服务方式，金融服务网点进一步覆盖。2013年，全省金融机构在20个重点旅游景区安装ATM45台，在景区超市和商铺布放POS机具100余台，实现自助取款5.7万笔，刷卡消费近10万笔，涉及金额共计3276.25万元。

二、存在的问题

（一）旅游业硬件设施不足，软环境亟待改善，综合竞争力和产业带动能力不强

一是旅游项目开发的层次和水平较低，旅游资源的综合开发利用效应还未显现。受各级政府财力的限制，长期投入不足，大量旅游资源都还处在待开发状态，旅游景点分散，未形成"点—线—面"的整体规模。二是旅游基础设施及配套设施建设仍然滞后，特别是配套设施不适应旅游业发展需要，旅游区建设进展缓慢。三是旅游企业发展缓慢，推进旅游业资源整合和利益共享的体制和机制尚未形成，景区管理水平有待规范。有的景区环境卫生、餐饮卫生差，少数景区长期以来管理混乱。四是旅游队伍素质和服务质量有待提高。

（二）旅游业融资渠道不广，投入不足

一是贵州省投入旅游的资金虽然在不断增加，但总量小。数据显示，2013年，贵州省100个景区固定资产投资实现200亿元，占全省全社会固定资产投资额的1.9%。二是多元化投资环境和机制还未真正形成，资金来源主要依赖银行贷款。

（三）抵押担保机制不健全，制约了信贷资金投放

一是贵州省旅游景区分属不同的管理部门或投资主体共同管理，各部门对景区设施管理职能划分和收入分配比例各不相同，加大了银行对偿债资金来源的确认难度。二是由于旅游项目贷款无法提供有效产权的抵质押品，目前银行发放的旅游类贷款主要采取收费权质押或经营权抵押，但当还款来源不稳定时，抵（质）押品的变现还贷过程仍旧存在较多操作问题。

（四）缺乏对旅游业的金融评级授信指标体系

现行体制下，金融机构缺乏准确计算旅游项目潜在经济价值、金融收益和风险因素等指标的监测机制和对市场风险变化的应对策略，阻碍了金融机构对旅游产品的支持力度。

执笔：李　青

关于枣庄市煤炭企业融资情况的调查

中国人民银行枣庄市中心支行调查统计科

针对当前煤炭行业效益下滑的实际，近期，人民银行枣庄市中心支行会同市煤炭局对全市 11 家地方管理的煤炭企业进行了融资情况调查。

一、煤炭企业生产经营情况

枣庄市是山东省的重要煤炭产区，以煤炭为主的采掘业对地方财政的贡献率最高时达到 70% 以上，对经济增长的直接贡献率达 40%。全市现有地方煤炭企业集团公司 11 家（不含已经并入山东能源集团的枣矿集团），市内煤矿 29 处，市外办矿 35 处，年生产能力 1199 万吨，煤矿职工 3.5 万人；煤炭企业开办规模以上非煤企业 30 多家，职工 1.2 万人。

（一）产量下降，库存上升

上半年，全市煤矿实际生产原煤 449.58 万吨，同比下降 2.08%；实际销售商品 439.96 万吨，同比下降 3.85%。6 月末，库存 25.75 万吨，环比增加 9.62 万吨，增长 59.64%，同比增加 1.41 万吨，增长 3.26%。

（二）销售收入下降、利税减少

上半年，全市煤矿商品销售收入 17.78 亿元，同比下降 15.29%；纳税额为 3.28 亿元，同比下降 37.63%；利润总额为 -1.56 亿元，同比下降 170.75%。

（三）煤价下滑，应收账款下降

上半年，全市商品煤平均售价 407.85 元/吨，同比减少 24.9 元/吨，下降 5.75%。比 2012 年同期下降 188 元/吨。6 月末，全市煤炭企业应收账款 4.41 亿元，同比减少 6.11%，其中，应收煤款 2.53 亿元，同比减少 32.2%。

二、煤炭企业融资情况

据对 11 家煤炭企业集团公司及其 54 家子公司的调查显示，截至 2014 年 6 月 30 日，65 家企业贷款余额 140.33 亿元，占全市各项贷款余额的 13.7%；其中，银行贷款 109.51 亿元，银行承兑汇票 30.83 亿元。

（一）融资数额巨大

从各集团公司贷款余额分析，除 3

户企业贷款在 3000 万元以下，其余 8 家企业融资数额巨大，4 户企业集团融资额超过 20 亿元。

（二）非煤产业贷款占比多

全市 11 家煤炭企业集团非煤产业主要涉及电力、煤化工、水泥建材、盐公工、机械制造和机床制造，非煤产业贷款余额达 42.36 亿元，占煤炭集团企业融资额的 30.19%。

（三）对外担保金额高

从担保结构分析，各集团公司及其子公司对外担保金额共计 77 亿元，被担保金额 46.41 亿元，隐含担保链风险。

（四）面临集中到期高峰

从贷款期限分析，2014 年下半年贷款集中到期共计 56.64 亿元。其中，三季度到期 29.22 亿元，四季度到期 27.42 亿元。

三、需要关注的问题

（一）行业偿债能力下降，还款难度加大

2014 年以来，煤炭价格出现持续下探，动力煤市场延续弱势格局，煤价低位徘徊，去库存压力大，短期内低位运行态势难以改变。外贸煤炭冲击将进一步加大，7 月 9 日，环渤海 5500 大卡动力煤的每吨综合平均价格报收 513 元，比年初下降约 116 元，创下了这一价格指数 2010 年 10 月发布以来的最低。从全省看，高耗能产业用电增速低于社会平均水平，动力煤市场继续走弱，省内电厂煤炭接收价格呈下降趋势，精煤市场运行不佳，下游钢材市场需求减弱。上半年枣庄市 26 处正常生产的煤矿，亏损 13 家，利润超千万元的企业仅 3 家，全市整体亏损 3.27 亿元，还贷压力加大。

（二）金融机构缩减贷款，加大煤炭企业资金链风险

随着煤炭企业经营效益下滑，各家银行也在调整对煤炭企业的融资政策，包括降低贷款集中度以及收紧表外融资渠道。个别金融机构开始压贷、抽贷，造成煤炭行业融资难度进一步加大。各煤炭企业普遍反映资金链紧张，面临资金链断裂风险。目前煤企对银行压贷预期增加，还款意愿减弱，盲目压贷使得潜在的承贷企业逆向选择和道德风险倾向较重。

（三）煤炭行业信贷风险加大，易引发系统性风险

煤炭行业贷款在枣庄市各项贷款中占有较高比重，一旦处置不当，势必造成煤炭企业资金链的断裂，引发多米诺骨牌效应，最终会影响银行信贷资金安全。煤炭行业作为枣庄市的支柱产业，枣庄市作为资源枯竭转型城市，正处于产业结构调整阵痛期，新兴产业、接续产业仍处于成长期，经济发展、社会就业、财政收入、信贷投放等方面对煤炭行业仍高度依赖，如果煤炭行业出了问题，将会严重影响整个社会稳定。

执笔：任宪文 魏祥勇

信托公司转型推动小微信贷业务发展的经验与建议

——以外贸信托公司为例

中国人民银行营业管理部调查统计处

伴随国内产业结构的优化和监管政策的调整，信托公司转型速度加快。以外贸信托公司为代表的部分信托公司选择将小微信贷业务作为转型方向之一，取得了积极效果，并推动了消费金融业务的发展。信托公司介入小微信贷业务对于制定金融促进消费政策具有启示意义。

一、外贸信托消费信贷模式的内容

2008 年，外贸信托发起成立"汇金"消费信贷集合资金信托计划，先后成立"汇金 1 号"、"汇金 2 号"和"汇金 3 号"，其中，"汇金 2 号"最具有代表性。

（一）交易结构

"汇金 2 号"消费信贷集合资金信托计划由外贸信托与 PPF 集团（捷克的

PPF 集团是中东欧地区最大的国际金融和投资集团之一，业务涉及消费金融、保险、零售银行等领域）控股的捷信中国合作推出。另外，PPF 集团控股的深圳捷信金融服务有限公司、广东捷信担保有限公司、深圳捷信担保有限公司作为次级投资人和担保方，也参与了"汇金"系列信托计划的交易。

如图所示，信托计划的资金募集采用了结构化设计，分为优先级和次级两部分。信托计划期限最初设计为 5 年（目前已延期至 2019 年），次级部分为一次性认购，存续期间不可赎回本金；优先级部分不定期（根据消费信贷的发放情况）向社会合格投资者公开募集，每期规模设计为 0.5 亿~1 亿元（目前调整为 3 亿~5 亿元），每期期限为 1 年，投资者在到期日可以选择赎回或继续投资。"汇金 2 号"的次级投资人为深圳捷信金

图 外贸信托消费信贷业务交易结构图

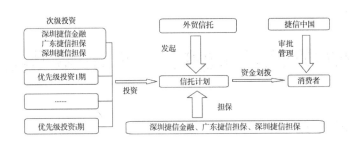

融服务有限公司、广东捷信担保有限公司和深圳捷信担保有限公司。

定价方面，捷信中国向外贸信托支付11%的打包成本，然后由外贸信托具体负责优先级资金的公开募集。优先级投资的收益率采用市场化的定价方式，主要取决于发行市场的资金供给情况。资金募集完成后，打包成本与优先级投资收益率之间的差价为外贸信托的信托报酬。目前，300万~1000万元优先级投资的1年期收益率为8.3%左右，1000万元以上投资的1年期收益率为8.7%左右，收益率略低于房地产和地方融资平台项目。

信托的收益分配方面，信托计划存续期间，向次级投资人每年支付一次信托收益；信托计划到期时，优先偿付优先级投资人的本金和信托收益。在优先级本金和信托收益偿付的基础上，次级投资者获得本金偿付，并享有信托计划的全部剩余收益（超额收益）。由于信托计划中次级投资人同时为信托借款人的本息偿还义务提供第三方连带责任保证担保，因此，在信托计划存续期间，担

保公司按月获取担保费用于公司日常运营。

（二）消费信贷的发放与管理

"汇金2号"消费信贷集合资金信托计划，通过结构化设计募集信托资金后向个人发放信用类消费贷款，单笔金额3000~20000元。消费信贷的贷前和贷后管理由外贸信托和捷信中国共同负责，但后者享有主导权。信托计划所募集资金用于发放个人消费贷款，贷款期限3个月至3年。信贷业务中，捷信中国负责客户拓展，主导贷前审批，并全权负责贷后管理。外贸信托负责信贷资金划拨，同时监控信贷资金日常的流入和流出，关注违约率等主要指标的变化。消费信贷的审批主要通过捷信中国具有自主知识产权的审批系统完成。实践中，信贷审批系统可依据信贷客户的资料数据对客户作出自动的评价，评价结果作为信贷人员审批发放消费信贷的主要依据。自"汇金2号"成立以来，个人消费信贷的动态违约率维持在5%~7%。截至2014年一季度末，消费贷款的累计违约率为6.89%，坏账率为2%左右。

（三）风险控制措施

为满足监管部门"刚性兑付"要求，采取以下风险控制措施：一是引入担保公司为信托借款人的本息偿还义务提供

第三方连带责任保证担保。二是动态调整优先级与次级比例。每月计算信托项目的履行担保率（（应收款–实收款）/应收款），据此适时调整次级本金和优先级本金比例。当履行担保率小于等于20%时，次级本金和优先级本金比例不低于1:3；履行担保率大于20%小于等于30%时，比例不低于1:2；履行担保率大于30%时，比例不低于1:1。比例低于1:1时，次级委托人需追加信托资金。三是资金沉淀控制机制。在信托存续期间，信托专户内各时点的现金扣除应拨付贷款本金及其他应付费用后不得低于500万元人民币，否则，次级投资人应按照受托人要求及时追加信托资金。

二、外贸信托消费信贷模式的运营情况

外贸信托2007年开始进入消费金融业务，相关业务经历了相对快速的增长。目前，小微金融业务已经成为外贸信托公司的主营业务之一。2013年，外贸信托共实现业务收入18.1亿元，而中小企业消费金融业务收入所占的比例达到6%。截至2013年末，外贸信托"汇金"系列产品累计通过优先级融资35亿元，累计为400万名客户发放信托贷款80亿元，实现信托报酬1.32亿元。

三、推动消费信贷发展的相关建议

一是强化消费金融机构多元化发展的政策思路。信托公司在资金募集具有先天优势，而消费金融公司、小额贷款公司等机构在小微信贷管理上具有相对较高的专业能力。信托公司与消费金融公司等机构的合作将会实现双方的优势互补，不但会为商业银行占主导的金融供给提供有益补充，推动小微金融向多元化方向发展，也有利加快推进国内普惠金融体系的构建。因此，在未来消费金融政策的制定中，在立足现有的商业银行、消费金融公司和小额贷款公司等服务供给机构基础上，进一步拓宽政策的思路，通过信托公司的引入大力推动消费金融机构多元化方向的发展。

二是注重通过信贷政策和监管政策加强对信托公司积极性的正向引导和激励。伴随国内产业结构的加速调整以及监管政策的变化，信托公司业务转型的压力日益明显。在转型过程中，信托公司从事小微金融业务的积极性明显增加。截至2014年一季度，除了外贸信托外，中航信托、五矿信托、爱建信托等机构均通过与小额贷款公司、消费金融公司和担保公司合作的方式介入小微金融业务。信托公司积极性的提升将为小微金融快速发展提供新的支撑，因此，在未来小微信贷政策制定和落实中，应重视对于信托公司的引导和激励，通过货币政策工具的运用和监管政策的调整等提升信托公司在小微金融业务发展中的作用。

小微企业信贷服务质量顾客满意度实证分析

中国人民银行合肥中心支行调查统计处
中国人民银行黄山市中心支行调查统计科

小微企业一直面临融资难、融资贵的难题。银行着眼于提升小微企业信贷服务质量和顾客满意,既是贯彻国家信贷政策、支持实体经济发展的需要,也是银行提升核心竞争力、赢得市场之所在。

一、顾客满意度结构方程模型构建

(一) 模型构建

结构方程模型 (SEM) 是一种建立、估计和检验因果关系的多元统计分析技术,整合了因子分析、路径分析和多重线性回归分析等方法。本文构建的信贷服务满意度模型包含3个潜变量,分别为服务质量 (SQ)、顾客满意 (SAT) 和顾客忠诚 (BI)。假设服务质量会影响顾客满意和顾客忠诚,顾客满意也会影响顾客忠诚;服务质量通过贷款服务 (F1)、贷款难度 (F2) 和贷款成本 (F3) 三个观察变量反映,每个观察变量包含若干问卷题项。

(二) 问卷设计

服务质量不是由管理者来决定,它是建立在顾客的需求、向往和期望的基础上,是顾客对服务的主观感知。本文拟从贷款服务、贷款难度和贷款成本三个一级指标反映信贷服务质量,每个一级指标包含若干题项,涉及银行、登记评估、信用担保、政府等诸多部门。顾客满意是顾客需求或期望被满足的一种心里感受,可以从总体满意程度以及与期望相比的满足度两个方面进行测量。顾客忠诚是顾客为了加强某种关系而进行投资或作出个人牺牲的意愿,可以从顾客的重复性选择及主动推荐可能性两方面进行测量。问卷中所有题项均采用 Likert 十级量表打分,分值越高满意度也越高。

（三）数据的获取

本文以黄山市县域小微企业为研究对象，选择在当地涉农金融机构中有贷款或近一年曾有过贷款的企业进行问卷调查；在选取行业时，结合黄山市经济结构和行业特点，重点选择农副食品加工、化工制造、纺织服装、机械电子等行业；在企业规模上，要求从业人员 300 人以下或营业收入 2000 万元以下的小微企业。本次共发放问卷 120 份，回收有效问卷 107 份。

二、结论及启示

第一，本文所构建的小微企业信贷服务满意度模型整体拟合效果较好，结

构模型中各潜变量之间的路径系数与研究假设相符，测量模型中观察变量和潜变量之间的关系均通过了显著性检验。

第二，从测量模型看，信贷服务对服务质量的影响力相对较低，贷款难度和贷款成本对服务质量的影响力较高，特别是贷款难度影响系数超过贷款成本。这并不代表小微企业贷款成本低，或不关心贷款成本，说明相对于贷款成本，小微企业更关注能否得到贷款，这也正说明小微企业融资难的实际。这与大中型企业有明显差异，大中型企业往往更关注融资成本以及更为优质的信贷服务。

第三，从结构模型看，服务质量对顾客满意的路径系数最高，达到 0.8 以上，服务质量对顾客忠诚的路径系数虽然相对较低，也超过 0.6，服务质量通过顾客满意对顾客忠诚的间接影响系数达到 0.6（ 0.819 ×0.743 = 0.609），服务质量对顾客满意和顾客忠诚的影响较为显著，说明小微企业在贷款中表现出较强的忠诚性。因此对银行而言，通过提高信贷服务质量，从而提升客户满意度和忠诚度，能为银行带来一批忠诚的客户，这也是提升银行核心竞争力和可持续发展的动力源泉。

图　小微企业信贷服务顾客满意度拟合结果

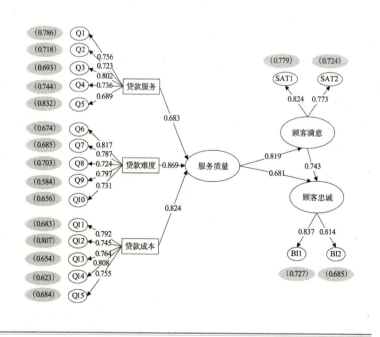

表　小微企业信贷服务满意度模型拟合度检验

一级指标	二级指标	问卷中的题项
服务质量（SQ）	贷款服务（F1）	Q1 您对银行信贷人员的服务态度满意度如何？
		Q2 您对银行信贷人员的专业能力满意度如何？
		Q3 您对信贷审批的速度和效率满意度如何？
		Q4 您对银行信用评级的满意度如何？
		Q5 您对银行贷后管理满意度如何？
	贷款难度（F2）	Q6 您对银行贷款抵（质）押担保等条件的满意度如何？
		Q7 您对银行创新信贷产品满足企业资金需求的满意度如何？
		Q8 您对银行贴现、贸易融资等服务的满意度如何？
		Q9 您对担保公司的担保条件要求满意度如何？
		Q10 您对政府增信措施（如政府担保、助保金等）满意度如何？
	贷款成本（F3）	Q11 您对贷款利率满意程度如何？
		Q12 您对银行额外收费（如咨询费、顾问费等）满意度如何？
		Q13 您对贷款抵押登记评估费用满意度如何？
		Q14 您对担保公司担保费用满意度如何？
		Q15 您对政府在贷款贴息及风险补偿方面的满意度如何？
顾客满意（SAT）		SAT1 总的来说，您对该银行的满意程度如何？
		SAT2 与您的期望相比，您对该银行的满意程度如何？
顾客忠诚（BI）		BI1 如果让您重新选择，您还会继续去该银行贷款吗？
		BI2 您会向其他人推荐去这家行贷款吗？

第四，从服务质量满意度得分看，贷款服务、贷款难度和贷款成本满意度平均得分分别为 0.755、0.661 和 0.689，而其影响系数分别为 0.683、0.869 和 0.824。说明小微企业虽然更关注贷款难度和贷款成本，但是对这两方面的满意度也相对较低，特别是对担保公司、担保条件以及担保费用等方面的满意度更低。因此，提升小微企业贷款可获得性、适度降低融资成本是提高小微企业信贷服务满意度的关键。

小微企业发展信心提升
经营状况明显好转

中国人民银行呼和浩特中心支行调查统计处

为及时掌握内蒙古自治区小微企业景气状况，人民银行呼和浩特中心支行于 2013 年二季度开始按季度对全区 264 家小微企业（其中，小型企业 204 家、微型企业 60 家）发展状况进行监测，并编制了针对小微企业的景气指数、企业主信心指数等系列指数。2014 年二季度调查问卷显示，随着内蒙古自治区经济的趋稳回暖，内蒙古自治区小微企业的订单增多，发展信心增强；企业总体经营状况明显好转，销货款回笼速度加快，资金周转率上升。

一、宏观经济趋稳回暖，小微企业信心有所提升

二季度，小微企业宏观经济热度指数为 30.1%，较上季度上升 1.5 个百分点；对于下季度宏观经济形势预期指数为 33.7%，较上季度上升 1.3 个百分点。同时，小微企业宏观经济信心指数为 56.3%，较上季度上升 2.1 个百分点。

二、小微企业总体经营状况明显好转，先行指标趋于乐观

调查显示，二季度，小微企业的产品订单明显增多，生产规模有所提高。其中，国内产品订单景气指数为 43.8%，较上季度上升 5.1 个百分点；出口产品订单景气指数为 46.6%，较上季度上升 2.8 个百分点。在此情况下，很多小微企业生产节奏加快，经营状况好转。二季度，小微企业总体经营状况景气指数为 51.5%，较上季度上升 2.7 个百分点。从预期看，小微企业总体经营状况景气预期指数为 53.8%，较上季度上升 1.9 个百分点。

三、小微企业销货款回笼速度加快，资金周转率上升

调查显示，二季度，有 17.4% 的企

业家认为销货款回笼情况良好，该比例与上季度持平；有 22.7% 的企业家认为销货款回笼困难，较上季度下降 3.4 个百分点。企业销货款回笼状况景气指数为 47.4%，较上季度上升 1.7 个百分点。在销货款回笼速度加快的影响下，企业资金周转状况也有所上升。二季度，有 16.7% 的企业家认为资金周转状况良好，较上季度上升 2.3 个百分点；有 20.8% 的企业家认为资金周转状况困难，较上季度下降 4.6 个百分点。企业资金周转状况景气指数为 47.9%，较上季度上升 3.4 个百分点。

四、融资成本较上季度明显下降

调查显示，二季度，小微企业总体融资情况景气指数为 39.8%，较上季度大幅上升 3.4 个百分点；小微企业融资成本景气指数为 48.5%，较上季度上升 1.0 个百分点；小微企业银行贷款利率水平景气指数为 48.4%，较上季度上升 0.9 个百分点。另外，人民银行企业贷款利率数据监测显示，二季度，小微企业中执行下浮利率的贷款占比为 7.86%，较上季度上升 7.0 个百分点。从企业民间融资利率看，二季度，264 家小微企业民间融资加权平均年化利率为 20.9%，较上季度下降 0.6 个百分点。

五、小微企业不良贷款增速和不良贷款率呈现"双降"

银行对小微企业贷款的风险管控能力也在不断增强。统计数据显示，6 月末，内蒙古自治区小微企业不良贷款余额为 83.7 亿元，同比增长 9.5%，低于同期全部企业不良贷款增速 5.0 个百分点；小微企业不良贷款率为 3.5%，较上年同期下降 0.2 个百分点；2014 年前 6 个月，内蒙古自治区企业不良贷款比年初新增 8.2 亿元，而小微企业不良贷款却比年初下降了 370 万元。

六、小微企业盈利状况有明显改观

调查显示，二季度，小微企业原材料购进价格景气指数、员工工资水平景气指数和税费情况景气指数分别较上季度上升 3.4 个、0.8 个和 3.0 个百分点。在企业生产成本得到较好控制的同时，内蒙古自治区小微企业订单增多，销量变好，利润空间增大，盈利状况变好。调查显示，二季度，小微企业盈利情况景气指数为 47.0%，较上季度上升 2.8 个百分点。其中，有 15.2% 的企业家认为增盈减亏，该比例较上季度上升 0.8 个百分点；有 21.2% 的企业家认为增亏减盈，该比例较上季度下降 4.9 个百分点。

执笔：康晓梅　陈新行

影响当前河北省小微企业贷款的
因素调查

中国人民银行石家庄中心支行调查统计处
中国人民银行廊坊市中心支行调查统计科

为全面了解小微企业的发展状况及信贷支持情况，2014 年 7 月，人民银行石家庄中心支行在河北省选取了 200 家小微企业、90 家金融机构和 12 家担保机构进行了问卷调查。

一、小微企业整体情况

（一）被调查的小微企业的发展势头良好，主要表现在销售收入稳步增长，资产规模不断扩大

此次调查选取了 200 户小微企业，行业涵盖工业、建筑业、批发业、零售业、住宿和餐饮业、其他服务业，企业成立时间由 1 年至 5 年以上不等。截至 2014 年 6 月末，样本企业销售收入 68.1 亿元，年平均增速为 10.2%；资产总额 111.7 亿元，年平均增速为 37.1%。企业资产负债率较为适宜，企业贷款总额占债务比例偏高，半数以上企业的贷款总额占债务总额的 40% 以上。企业资金主要用于扩大生产和维持正常生产资金需要，占比分别为 39.5% 和 54%。

（二）小微企业的融资渠道日趋多元化，银行贷款是解决企业资金问题的主要途径

调查显示，企业资金来源中，比例最高的前三项为地方性银行贷款、四大国有商业银行贷款和亲朋借款，占比分别为 68.5%、39% 和 35.5%。在企业资金困难时，有七成企业会首先考虑采用通过银行贷款。

（三）金融机构对小微企业的支持力度不断加大，但小微企业不良贷款额较高

截至 2014 年 6 月末，河北省小微企业贷款余额 5741.8 亿元，占全部贷款余额的 22.1%，较 2009 年的 15.2% 提高了 6.9 个百分点。2009~2013 年五年平均增速为 27.5%，分别高于同期大型企业贷款

平均增速 21.8 个百分点、中型企业贷款平均增速 7.4 个百分点。但小微企业不良贷款额较高。截至 2014 年 6 月末,河北省各金融机构小微企业不良贷款余额为 5741.8 亿元,小微企业不良贷款率为 2.46%,高于同期中型企业近 1.51 个百分点,高于同期大型企业近 2.05 个百分点。

二、影响小微企业贷款的主要因素

(一) 企业财务制度不健全,难以进入金融机构信贷门槛

小微企业生产规模小,普遍自有资金不足,而金融机构对资产负债率及现金流量都有严格要求,绝大部分小微企业没有规范的财务制度,财务报表不规范,金融机构难以对其贷款条件、风险等作出合理评估,难以达到金融机构的放贷要求。

(二) 缺乏合法有效的抵押、质押资产

金融机构为有效控制信贷风险,需要企业提供合法有效的抵押、质押资产,而大部分小微企业土地均为租用,不能办理有效抵押。调查发现,县域工业园区中 40% 左右的小微企业无土地证、无房产证,加之部分企业出于避税考虑,购置的机械设备无税务发票,导致小微企业缺少必要的抵押物,金融机构无法给予信贷支持。调查问卷显示,金融机构在向小微企业第一次贷款时,盈利状况、担保情况和行业因素是其考虑的重要因素,占比分别为 61%、58% 和 42%。

(三) 担保难问题依然存在

手续复杂、担保费用高是企业不愿担保的主要问题。目前担保公司一般收取 3% 的担保费用,同时要求企业提供反担保措施,而办理反担保的费用也在 1% 左右。调查显示,92% 的企业在担保过程中,要求提供反担保或抵押品,这也导致企业不愿找担保公司担保。

(四) 小微企业融资成本仍然偏高

小微企业的融资成本主要有三部分:一是银行贷款利息;二是政府行政部门收取的费用,主要有抵押登记费、公证费、工商差续费等;三是中介机构收取的费用,主要有抵押物评估费、担保费和审计费等。据调查,小微企业贷款的利率普遍上浮 50% 以上,年利率在 9%~15%,房地产评估费一般为 3%,且每年都需评估,即几年期的贷款需要缴纳几次评估费;如需要担保公司担保的,还需要支付 3% 左右的担保费;有的还被要求到公证处办理公证,又收取 0.8% 的公证费,据此测算,企业办理抵押贷款的各项费率加上贷款利率,综合成本最低也在 16% 左右。

执笔:杨启航 吴爱丽
　　　李 蕾

关于商丘市金融支持小微企业发展的调查

中国人民银行商丘市中心支行调查统计科

一、商丘市小微企业发展状况

统计数据显示，2014 年 6 月末，商丘市小微企业 3.21 万家，占全市中小微企业总数的 92%，从业人员 22 万人，完成增加值 510.5 亿元，实现营业收入 2321 亿元，实交税金 62.9 亿元，实现利润 118.1 亿元，完成出口产品交货值 12.7 亿元。

二、商丘市小微企业融资现状

近年来，商丘市小微企业在银行贷款呈逐年递增态势。2012 年 6 月末贷款余额 116.87 亿元，2013 年 6 月末贷款余额 144.39 亿元，2014 年 6 月末贷款余额 197.55.亿元。

1. 各金融机构对小微企业的重视程度普遍提高。各金融机构均成立了专门服务于中小微企业的信贷部门，配备稳定、高素质的客户经理团队，为小微企业提供优质的服务。在经营理念上，也逐渐向小微企业倾斜，如农业银行商丘市分行确保"小微企业贷款增量高于上年，增速快于平均贷款增速"，使小微企业融资难问题出现了转机。

2. 针对小微企业的信贷产品和服务方式不断创新。例如，工商银行以企业的商用物资、商品存货为条件开办了商品融资业务，以企业的应收账款为条件开办了保理业务，对房产证、土地证一应俱全的企业开办了网贷通业务；中国银行开办了"政银助业通"、"互助通宝"、"面粉通宝"等特色产品，对产业聚集区实行批量开发工作；建设银行推出了"速贷通"、"成长之路"两个明星品牌；邮政储蓄银行专门设计了针对性很强的贷款产品"小企业贷款"，企业可以根据生产经营情况随借随还，循环使用，授信额度最高可达 1000 万元，使用期限最长 4 年；商丘银行推出了"好易快"系列小微企业信贷产品，开辟了小微企业抵押登记绿色通道，办理了商丘市第一笔股权质押贷款；农村信用社及农村商业银行积极探索原材料及库存物资担保、仓单质押、股权质押、保单债券质押、应收货款及应收账款质押以及股东和经营者自有房地产抵押等多种担保方式。

3. 小微企业贷款满足率有所提高。调查显示，截至 2014 年 6 月末，商丘市农村信用社小微企业贷款较年初增加 15.4 亿元，增速为 15.88%，高于全部贷款增速 4.01 个百分点。2014 年前六个月申请贷款的小微型企业 2906 家，发放贷款 2616 户，申贷获得率 90.02%。其他几家金融机构小微企业申贷获得率均有提高。

三、小微企业融资问题及原因

（一）小微企业的自身特点与银行贷款投向不对称加大融资难

一是大部分小微企业处于原始积累阶段，一般服务性企业多、生产型企业少，粗加工企业多、科技型企业少，缺乏综合竞争力。二是管理水平不高。从商丘市小微企业看，财务管理规范、制度健全的约占企业总数的 10%，家族式、粗放式经营管理与目前商业银行评定信用等级的最基本要求差距较大。三是信用意识差。在银行资金普遍紧的情况下，考虑到小微企业存在信用等级低、信用意识差等问题，因此不轻易向小微企业发放贷款，造成融资难。

（二）融资成本普遍较高

当前商丘市中小企业贷款利率一般执行基准利率上浮 30%~50%，有的甚至上浮 100%，如河南某农业有限公司，由于经营利润偏低，该企业银行融资额利率一般上浮为 50%~100%。商丘某锅炉有限公司通过诚信担保公司向华商农村商业银行贷款 500 万元，融资成本为 1.27 分/月，其中银行贷款利率 8.7 厘/月，担保费 4 厘/月，并向担保公司缴纳保证金 25 万元；河南某禽业有限公司，通过担保公司办理担保贷款 300 万元，仅收取担保费一项就达 8.28 万元，企业普遍认为银行贷款融资成本较高。

（三）信贷总量偏小，资金缺口大

金融支持不足，仍然是商丘市小微企业快速发展壮大最重要的制约因素。与小型企业相比较，微企业融资难问题更加突出，在个别县域金融支持被严重边缘化。2012 年 6 月至 2014 年 6 月，商丘市小微企业贷款占全部贷款的比例分别为 15.98%、16.54%、21.33%，虽然增幅在不断加大，仍存在较大缺口。调查显示，仅永城市 150 家面粉加工企业就缺少流动资金 7 亿多元，其中 90% 的企业靠民间融资，银行贷款仅占 10%，民间融资利率较高，加重了企业负担，严重制约了行业和企业发展。

（四）贷款抵押、担保条件受限

目前，各金融机构发放贷款以抵押、担保为主。商丘市小微企业的总资产规模偏小，且大多没有土地证，达不到商业银行担保条件，担保条件不合格是中小企业难以获得贷款的最主要也是最常见的原因。

执笔：江行义 曹秋华

土地流转信托的国内实践

中国人民银行合肥中心支行调查统计处
中国人民银行六安市中心支行调查统计科

缘于农村土地政策的细化与现实需要，土地流转信托受到地方政府和业界的关注，近年来多地陆续开展的土地流转信托，项目越做越多，规模也越来越大，但其发展前景并非十分明朗，尚未探索出一种成熟、可复制的信托模式，受土地流转信托涉及的主体、利益相关者多元化、复杂化等因素影响，相关的保护性政策与制度条款尚需进一步完善。

一、引言

信托制度的优势在于能够实现所有权、使用权和收益权的相互分离，做到权属清晰、权责明确。所谓土地流转信托是指农村土地承包人作为委托人，为有效提高承包地的开发与经营效率，将承包地剩余年限的承包经营权信托给受托人，由受托人管理运营，将开发经营的利润作为信托收益交给受益人。土地流转信托不仅是土地制度的创新，也是经营体制的创新，有利于促进农业的规模经营与集约经营，提高土地的生产能力和内在价值，推动现代农业发展。

中共十八届三中全会通过《中共中央关于全面深化改革若干重大问题的决定》，提出了健全城乡发展一体化体制机制的改革举措，赋予农民更多财产权利，主要是依法维护农民土地承包经营权，保障农民集体经济组织成员权利，保障农户宅基地用益物权，慎重稳妥推进农民住房财产权抵押、担保、转让试点。土地流转信托与十八届三中全会公告中"赋予农民更多财产权利"相契合。中信信托和北京国际信托（以下简称北京信托）分别于 2013 年 10 月 11 日和 11 月 7 日，在安徽宿州和江苏无锡两地推出各自首笔土地流转信托，此举不仅引起地方与业界的高度关注，也激起了社会各界对土地流转信托的广泛兴趣。基于此，本文就土地流转信托的基本原理进行阐释，对我国土地流转信托的典型案例进行梳理分析的基础上，对当前我国土地流转信托进行述评。

二、土地流转信托基本原理概述

(一) 国外土地信托

美国模式。美国土地信托模式是开发者（委托人）购买一块生地（Raw-land），再将该土地所有权信托给受托人，签订信托契约，受托人发行土地信托受益凭证，而由委托人销售该受益凭证给市场上的投资人，受益凭证代表对信托财产（土地所有权）的受益权，销售受益凭证所得资金用来改良土地，然后将土地出租给由该开发者组成的公司。受托人收取租金，负有给受益凭证持有人固定报酬的义务，并将剩余租金用来买回受益凭证。该模式具有以下特点：通过资金的"集合"，解决了开发土地尤其是生地所需的巨额资金；为投资者提供了投资于土地产业的机会，同时也降低了个体投资风险；投资人所拥有的受益凭证可以流动，具有较强的变现性。

日本模式。日本的土地信托是土地所有者将土地信托给受托人（信托银行），并从受托人治理和使用该土地的收益中获取信托红利。土地信托分为出售型和租赁型，前者指委托人将信托财产委托信托业者出售，受托人将出售所得，在扣除受托人的报酬及其他手续费用后，交付给委托人；后者指受托人无处分信托财产的权利，在信托期间信托业者应定期给付委托人信托收益，信托终了时，委托人仍拥有原土地的所有权。该模式具有以下特点：替代性，即通过土地信托方式解决了土地所有者具有土地开发

的积极性，但无能力开发的现象；稳定性，即土地所有者将土地信托给信托银行，在信托期内如租赁信托可获取稳定的信托红利；高效性与多样性，即吸取民间土地信托制度能够高效配置利用土地的特点，使国有土地的治理与处置手段多样化。

(二) 土地流转信托

土地流转信托是在坚持土地集体所有制和保障农民承包权的前提下，由政府出资设立的信托中介服务机构或者商业信托机构接受农民的委托，按照土地使用权市场化的需求，通过规范的程序将土地经营权在一定期限内依法自愿、有偿转让给其他公民或法人进行农业开发经营活动。依据信托制度的基本原理，土地流转信托应包括信托人、受托人和受益人三方当事人。信托人是土地承包者，其根据自己的意志，在保留承包地承包权的前提下，将承包地经营权分离出来信托给受托人，由受托人对其进行独立管理、经营。受托人是指承包地经营权的受让者，其以自己的名义对信托土地独立进行经营管理或处分，各种法人、工商企业以及自然人均可成为土地受托人。受益人是由信托人指定有资格享有信托收益权的第三人，其只享有信托收益权，而无权对信托财产进行管理、处分，其可以是信托人本人，在特定情况下也可以是受托人。在我国目前的农村土地信托中，从土地信托产生的原因和目的来看，受益人主要是信托人本人即农村土地承包者。

土地流转信托除了具有信托的一般

特征外，还具有自身的个性特点，这也是其最为复杂的地方。一是土地流转信托的信托财产为承包地经营权。传统信托理念中信托人只能将自己拥有所有权的财产作为信托财产予以信托，但随着物权制度的不断发展，土地等财产已由"以所有权为中心"向"以用益权为中心"转变，各类受益物权越来越受到重视。而信托实质上就是受托人代信托人实现物的经营权、收益权和部分处分权，因此承包地的经营权也可作为信托财产予以信托。依据我国现行土地制度规定，农村土地只能是集体所有，农户仅拥有土地的承包权，而不拥有所有权，因此，农村土地的信托财产只能是承包地的经营权而非所有权。

二是受托人以自己的名义独立对信托土地进行管理或处分。"受人之托，代人理财"是信托的基本价值和功能所在，信托人基于对受托人的信任将财产交由受托人管理，受托人成为财产法律意义上的"所有人"，其对信托财产拥有完全的支配权。信托财产独立于各方当事人的固定财产，由受托人基于信托目的以财产所有者的身份对财产独立进行管理、处分，从而保障受益人财产收益的获得，这正是信托与代理的本质区别。土地流转信托期间信托人无权对受托人的土地经营管理行为进行干涉，但在法定或约定范围内依然享有监督权。

三是权利主体和利益主体是相互分离的。受托人享有土地管理、处分权，受益人享有土地收益权，农村土地流转信托的权利主体和利益主体是相互分离

的，这是土地信托与出租、转包、反租倒包等其他土地流转制度的根本区别所在。受托人根据法律和信托协议，享有土地的管理、处分权，但受托人不得利用该地为自己牟利，信托受益人则根据信托协议享有收益权。这种财产管理权属和财产利益属性的分离、信托财产的权利主体和利益主体的分离，使受益人在无须承担财产管理责任的情况下享受财产利益，这是信托制度的本质和先进性所在。

四是土地流转信托收益应当完全归信托人即土地承包者所有。依据信托权利主体和利益主体相分离的原则，信托收益应归受益人所有，在我国农村土地流转信托中受益人基本上都是信托人本人，因此，土地信托收益应归农地承包人所有。在信托关系中，受托人的首要义务就是维护受益人的利益，为受益人的利益最大化而行事。受托人不得运用信托财产为自己获取任何利益，信托收益应全部归受益人所有，受托人只能根据信托合同的相关规定获得相应的信托报酬，信托报酬由信托双方当事人根据具体情况予以协商。

五是土地流转信托的受托人可以是本集体成员也可是其他经济主体。土地承包者可以将其承包地经营权信托给本村民集体中希望进行规模化经营、而又没有大面积土地的农村种田能手，也可将承包地信托给那些有资金、有技术、有市场的公司企业或其他经营主体。受托主体可以运用大面积的土地种植药材、蔬菜等经济作物，或者从事养殖等副业，

但不得改变土地的农业用途。由于这些人具有足够的资金和经营技术，并且具有独特的市场观察力，他们可以把资金、技术、市场等资源和土地资源有效地结合起来，从而对土地进行产业化、市场化、规模化经营。

三、土地流转信托的国内实践与模式

（一）国内实践

第一阶段：非商业信托机构参与。土地流转信托形式早已有之。浙江绍兴、湖南益阳和福建沙县等地在信托公司正式涉水土地流转之前，已经初步探索了土地流转信托模式。"绍兴模式"，即政府出资成立县、镇、村三级土地信托服务机构，起到信息汇总中间商作用。具体操作上，农户将无力或者不愿耕种的土地使用权委托给村经济合作社；村经济合作社将诸如土地类型、坐落位置、流转面积、承包权证等土地信息汇总到镇信托服务站并由其登记造册建立土地信托档案；而镇信托服务站向社会公开发布土地信息招揽经营者；种植、养殖大户通过招投标的方式取得土地使用权。"益阳模式"，即政府出资在乡镇设立土地信托机构，农民在自愿的前提下，将名下的土地承包经营权委托给政府的土地信托机构，并签订土地信托合同；农业企业或大户再从信托公司手中连片租赁土地，从事农业开发经营活动。"沙县模式"，即由县农业局负责组建农村土地承包经营权信托有限公司，县财政拨付200万元作为信托基金，拨付35万元

作为公司工作经费。公司在11个乡（镇、街道）成立土地信托分公司，通过支付土地使用权转让费从委托方手中获得土地，并将集中后的土地调整成片，进行整理开发，通过招标、竞拍、租赁等形式向外发包土地或实施项目，获得的收益用于返还土地流转信托基金、委托方分红及信托公司增资扩股。

第二阶段：商业信托机构参与。"宿州模式"。2013年10月，中信信托与安徽宿州市埇桥区政府合作，推出国内第一个土地流转信托计划——"中信·农村土地承包经营权集合信托计划1301期"。项目期限为12年，涉及流转的土地面积达5400亩。流转后的土地拟建设现代农业循环经济产业示范园，由安徽帝元现代农业投资有限公司（以下简称安徽帝元）作为服务提供商。安徽帝元与中信信托为平行合作关系，提供技术层面的支持，采取订单导向的生产模式以及做到对农民未来收益的业绩补偿承诺。安徽帝元还将与安徽农学院、中国农业科学院建立科研合作关系。这相当于为此信托计划做了风险控制的准备。按照项目规划，土地承包经营权集合信托计划，只是完成了土地流转信托的第一步。后续还会发起融资型信托计划用于解决土地改造、产业园开发、支付农民地租等流动资金问题，真正使得金融资本入驻土地流转。

参与土地流转信托计划的农民均已签署信托合同。第一年的常规收入，即地租，已由安徽帝元一次性付款完毕。参与到信托计划的农民，在获得基准地

租的常规收益外（相当于每年每亩产1000斤国标三等小麦的价钱），还可获得每年地租增值部分70%的利润分成。除增加农民的财产性收入，农业产业园的建成可为出让土地承包经营权的农民获得一份产业工人的工作，能多获得一份收入。

"无锡模式"。2013年11月，北京信托在江苏无锡推出"北京信托——无锡阳山镇桃园村农村土地承包经营权集合信托计划"。该信托期限不少于15年，收益由"固定收益+浮动收益"两部分组成。桃园村项目中，北京信托引入了土地股份合作社，使土地经营权股份化桃园村项目。桃园村土地信托采取了"土地合作社"+"专业合作社"的双合作社设计，即首先将拟进行信托的集体土地经营权确权到村民个人，再由村民以其土地经营权入股"土地合作社"，"土地合作社"作为委托人以土地经营权在北京信托设立财产权信托。

同时，桃园村的水蜜桃种植能手成立了"水蜜桃专业合作社"，桃园村土地信托将土地租赁给"水蜜桃专业合作社"。北京信托从"水蜜桃专业合作社"获得收益后再依据信托合同分配给受益人。信托存续期内，农户可获得每年每亩1700元土地租金的固定信托利益，从第七年开始享受浮动信托利益，即参与20%的盈利分红，还可进合作社打工取得工资收入。

（二）模式特点

信托制度权、责、利相分离的制度特性和农村集体土地所有权与使用权相分离的特点之间存在着天然的契合。根据信托理念实现农村土地信托化管理，由专业化的信托公司提供从土地归集、土地流转、土地经营、土地收益管理、土地信托的利益分配、土地受益凭证交易流通、直至土地流转各个环节的综合风险控制等覆盖土地流通过程中的全链条、全方位的金融服务，能够切实可行地实现土地所有权、使用权和收益权的相互分离，做到权属清晰、权责明确。推动土地资源合理再配置，促进土地的集约化和现代化经营。

我国土地流转信托与国外土地信托基本原理相同，但两者间的区别也十分明显的。土地流转信托的关键特点在于：一是确保三个不变。即确保农民委托给信托公司经营的土地集体所有制性质不变、农民承包权不变、农用地属性不变。二是必要的政府平台。通过建立政府平台主动介入土地流转，使大户安心经营，农户放心委托，流转规范有序。三是附加条件的信托原理。以控制防范风险、确保农民受益最大化为出发点，将信托制度在管理财产方面的天然优势与农村土地经营权流转市场的发展结合起来。四是产业结合的原则。把土地信托流转与产业发展结合起来，不断壮大特色产业，提高耕地产出水平。

非商业信托机构参与情形下土地流转信托的基本做法是，先由政府出资在乡镇设立土地信托机构，农民在自愿前提下，将名下的土地承包经营权委托给这一机构，并与之签订土地信托合同，土地信托机构则将受托的承包地租赁给农业企业、专业合作社或种粮大户，这些专业农业经营者通过土地成片经营而获得规模产出。信托机构是由政府出面组建的，同时还承担了土地确权登记、土地整理开发、土地对外招租等多个环节，政府主导特点明显。

相比之下，由中信信托、北京信托主导推出的土地流转信托已与早期模式大相径庭。早期的土地流转信托虽然突破了农民—企业的传统土地流转模式，但并没有真正引入商业信托公司，而是政府单独成立政府土地信托机构，并作为农民土地经营权的受托人参与土地流转。从信托运作模式来看，它较政府主导的土地信托，在标准化与规范化等方面前进了一大步。后者由政府主导，其信托组织机构为无盈利目的的政策性机构，更多地偏重中介职能。

四、对目前国内土地流转信托的述评

各地开展土地流转信托所掀起的广泛关注，主要缘于政策逐渐明朗、细化以及农村的现实需要。国务院总理李克强在政府工作报告中指出，2014 年要积极推进农村改革。坚持和完善农村基本经营制度，赋予农民更多财产权利。保持农村土地承包关系长久不变，抓紧土地承包经营权及农村集体建设用地使用权确权登记颁证工作，引导承包地经营权有序流转，慎重稳妥进行农村土地制度改革试点。实践中，我国广大农村地区土地流转多为自发性，交易缺乏规范性，迫切需要建立土地流转交易平台，

土地信托属于一种规范的交易平台，因而受到地方的推崇。

土地流转信托的最大政治顾虑是，通过土地大规模流转，使"耕者无其田"，大批"失地"人口有可能演变成社会不安定因素；或者强势政府直接插手，损害农民利益。农业创新的基本原则是农民利益不能损害，并且要尊重农民自主选择权。而且当前制度设计中缺乏后续的监督机制，如流转后变更土地用途等，还需进一步制度完善。

土地承包经营权的确权工作成为土地流转信托的最大难题。中国各地的农村在 1978 年之后陆续自发分田到户，1998 年法律确认其合法性并全国大范围规范化推广；之后农民大规模外出打工，导致农村土地经历了闲置、流转的阶段。现在，不管是集体建设用地还是农用地的使用权，都面临针对具体的地块确权难的问题。国土资源部主导的农村集体土地确权登记发证工作进展缓慢，所有权已经基本完成确权，但是承包经营权（使用权）的确权工作却开展困难，因为使用权不是确权到村，而是要确权到户，到每个农民。从法律层面来讲，中国的土地承包经营权的确权工作仍未完成，且农村土地不能进行抵押，这成为土地流转信托难以大规模推广的一大掣肘。

土地流转信托的商业模式并未成熟，地方不宜盲目跟风。当前，地方政府将被赋予更多先行先试权限，有关推进土地改革的尝试逐渐增多。土地流转信托的项目也越做越多，规模越来越大。中信信托和北京信托推出的土地流转项目

逐渐增加，流转土地的面积不断扩大，但土地流转信托的商业模式不清晰、模式难以复制是业内人士普遍的共识。由于其经营模式尚不成熟、专业化程度较高，且农村土地不能进行抵押，因而不能算是一种财产权。在土地不能抵押的情形下，出现风险谁来承担责任是一个问题，而相互之间的利益如何分配也是一个问题，中信信托和北京信托的模式能否复制或能否借鉴，也要看它们后期的经营情况，因此，土地流转信托不能盲目跟风。

由于土地流转信托的特殊性，迫切需要进一步完善土地信托法律制度。在信托业较为发达的日本除了有《信托法》、《信托业法》、《兼营法》等基本法律外，还根据不同信托业务种类而创设信托相关法，如《贷款信托法》、《证券投资信托法》、《抵押公司债券信托法》及《土地信托法》等。我国虽然出台了《信托法》，但其过于宏观，在现实中难以操作，尤其是土地流转信托涉及的主体多元化，在如何确保"农地使用性质不变、农户利益不受损"上尚需跟进相关制度与法律细则。即便在条件还不十分成熟的情况下，可以条例的形式出现，对《信托法》进行必要的补充，使中国农村土地信托事业健康、有序发展。

货币当局资产负债表 （单位：亿元）

资　产	2014年8月	负　债	2014年8月
国外资产	280184	储备货币	277957
外汇	272152	货币发行	63887
货币黄金	670	其他存款性公司存款	214071
其他国外资产	7362	不计入储备货币的金融性公司存款	1635
对政府债权	15313	发行债券	6922
其中：中央政府	15313	国外负债	1398
对其他存款性公司债权	15456	政府存款	39135
对其他金融性公司债权	8788	自有资金	220
对非金融部门债权	25	其他负债	3367
其他资产	10869		
总资产	330634	总负债	330634

注：1. 自2011年起，人民银行采用国际货币基金组织关于储备货币的定义，不再将其他金融性公司在货币当局的存款计入储备货币。
　　2. 自2011年初起，境外金融机构在人民银行存款数据计入国外负债项目，不再计入其他存款性公司存款。

货币供应量统计表 （单位：亿元、%）

项　目	2014年8月 余额	比同期
货币供应量（M2）	1197499	12.8
货币（M1）	332023	5.7
流通中货币（M0）	57998	5.6
单位活期存款	274026	5.7
准货币	865476	15.8
单位定期存款	264734	15.4
个人存款	494763	9.9
其他存款	105979	57.1

注：货币供应量已包括住房公积金中心存款和非存款类金融机构在存款类金融机构的存款。

社会融资规模统计表 （单位：亿元）

项　目	2014年8月
社会融资规模	9574
其中：人民币贷款	7025
外币贷款（折合人民币）	−201
委托贷款	1751
信托贷款	−515
未贴现银行承兑汇票	−1119
企业债券	1947
非金融企业境内股票融资	217

注：1. 社会融资规模是指一定时期内实体经济从金融体系获得的资金总额，是增量概念。
　　2. 当期数据为初步统计数。
　　3. 数据来源于中国人民银行、国家发展和改革委员会、中国证券监督管理委员会、中国保险监督管理委员会、中央国债登记结算有限责任公司和中国银行间市场交易商协会等。